오싹한
의학의
세계사

오싹한
의학의
세계사

**웃기고 때로는
속이 뒤집히는
질병들**

cornu cutaneum

The notorious
Typhoid Mary

Vin Mariani

Pope Leo XIII

A plague
doctor

A medieval
doctor

SNAKE OIL
FINE INSTRUMENTS

How To Remove
a Brain

Dr James Barry

데이비드 하빌랜드 지음 이현정 옮김

베가북스
VegaBooks

차례

7장 | 인간의 몸

10장 | 기묘한 처방 ⌐

1

고대인들의 지혜

의사는 누구든 너무나 행복하다.

뭐든 성공하면 세상이 널리 퍼뜨려주고,

또 실수하더라도, 세상이 다 덮어주니까.

— 프란시스 퀄스(Francis Quarles), 영국의 성직자

† 악어 똥을 활용했다고?

놀랍게도 고대 이집트 사람들은 악어의 똥을 피임 기구로 이용했다. 물론 그들은 약초와 찜질, 설사약, 좌약, 수술 및 접골술, 안과학 등을 아우르는 꽤 복잡하고도 발전한 의료 체계를 지니고 있었다. 심지어 의료보험 제도도 있을 정도였다. 하지만 문제는 당시 이집트 의료 기술 대다수가 아무런 효과도 없었다는 것이다. 더욱이 위험하기까지 한 경우도 꽤 흔했다. 예를 들어 이집트인이 개발한 어떤

발기부전 치료제에는 39개나 되는 토속 약재들이 포함됐지만, 그중 어느 것도 딱히 효력이 없었다.

악어 똥을 피임 기구로 쓰다니, 언뜻 어리석게 들리지 않는가? 하지만 놀랍게도 이 방법은 어느 정도 효과가 있었다. 말린 악어 똥은 여성의 질에 삽입하는 일종의 페서리(pessary), 그러니까 반구형의 삽입형 피임 기구로 쓰였는데, 그 원리가 참 재미있다. 악어의 똥은 체온에 가까운 온도에 다다르면 부드러워진다. 그러면 자궁경부에 확실한 철벽 방어막을 형성하는 것이다. 이와 비슷한 자궁경부 캡들은 오늘날에도 피임 수단으로 이용되고 있다. 물론 다행스럽게도, 똥으로 만들어지진 않았지만. 그리고 악어 똥에 포함된 산성 성분 또한 미약하나마 살정제(殺精劑) 역할을 하므로, 결과적으로 더 큰 보호제 역할을 한다고 믿었던 것이다.

하지만 어떤 식으로라도 악어 똥을 몸에 집어넣는 것은 지양해야 할 일이다. 알다시피, 똥에는 박테리아와 기생충을 비롯한 기타 세균들이 득실거린다. 따라서 감염의 우려가 상당히 크다. 게다가 생각만 해도 너무 메스껍지 않은가! 그 후로 이어져 내려왔던 전통적인 페서리들은 코끼리 똥, 나무 수액, 레몬 반쪽, 면과 양모, 천연 해면 등으로 만들어진 것들이었다. 물론 피임 효과는 고만고만하게 미미한 수준이었겠지만 말이다.

† 죽은 쥐의 농축액이 치통을 치료한다고 믿다니?

고대 이집트에서 권장되던 충치 치료법 중에는 죽은 쥐를 이빨이나 잇몸에 문대는 방법도 있었다. 심지어 환자들은 죽은 쥐를 갈아 걸쭉하게 만들고, 거기에 다른 재료들을 섞은 뒤 바르기도 했다.

이러한 '쥐 찜질법' 예찬론을 펼친 것은 이집트인들만은 아니었다. 엘리자베스 여왕 시대의 잉글랜드에서는 사마귀를 치료하기 위해 쥐를 반으로 가르고 그 쥐를 문제가 되는 농포에 문질렀다. 심지어 당시의 영국인들은 쥐가 사마귀 치료 외에 백일해, 홍역, 천연두, 소아 야뇨증을 치료한다고 믿었기 때문에, 쥐를 튀겨 먹거나 파이에 넣어 구워 먹기도 했다.

† 그 옛날에 뇌를 어떻게 들어냈을까?

기원전 3500년 전후의 이집트인들은 시체 내부의 장기를 들어내고 붕대를 둘러 말린 뒤 보존하는 복잡한 '미라 만들기(mummification)' 체계를 발전시켰다. 왜 그랬을까? 그들은 건조한 이집트 사막에 묻힌 시체가 자연적으로 미라화되는 현상을 보며 영혼이 내세에서 부활하려면 시체의 보존이 필요하다는 믿음을 키웠기 때문이다. 이들은 인간의 '정신'은 세 개의 '혼'으로 이뤄진다고 생각했

오싹한 의학의 세계사

으며, 그중 하나인 '카(Ka)'가 육체와 긴밀히 연결되는 혼이라고 믿었다. 따라서 현세에서 육체가 보존되지 않으면 카는 내세에서 부활하지 못한다고 여겼다.

미라화는 복잡하고 손이 많이 가는 의식이다. 우선 시체를 '정화의 장소'라는 뜻을 가진 '이부(Ibu)'로 옮겨 나일강의 물을 사용해서 씻은 뒤 '미라화의 집'이라는 뜻의 '페르 네페르(Per—Nefer)'로 옮겨 방부처리를 진행했다. 이집트인들은 뇌가 그다지 중요하지 않다고 보았기에 방부처리 과정에서 우선 시체의 뇌를 들어냈다. 그리고 시체가 내부에서부터 부패하는 것을 막기 위해 옆구리에 작은 칼집을 내어 내장기관들을 제거한다. 이 과정에서 앞서 버려진 뇌뿐만 아니라 콩팥도 버려지는데, 이 역시 쓸모없다고 여겼기 때문이다. 하지만 인간 존재의 중심이라고 여긴 심장은 시체 내부에 그대로 남겨두었다.

제거된 나머지 장기들은 부활한 영혼에 필요하리라 믿어 병에 담아 관 속에 넣었다. 내세를 위해 부자들은 보석 및 귀금속, 종교적인 장신구, 부적, 주술서, 가구, 의류, 식료품, 심지어 미라로 만든 애완동물에 이르기까지 자신들이 아끼던 소유물과 함께 묻혔다. 내장이 적출된 시체는 살아있는 듯한 형상을 연출하기 위해서 향료를 비롯한 각종 재료로 그 내부를 채웠다. 이 작업까지 끝나면 시체는 천연 소금인 나트론 가루로 완전히 뒤덮인다. 그 상태로 약 35일에서

40일이 지나면 시체는 완전히 건조된다. 건조가 끝나면 마지막으로 다시 시체 안의 재료를 교체하고 난 뒤, 시체에 조심스레 붕대를 감는 것이다.

19세기 유럽의 탐험가들은 화려한 이집트 고분에 흥미를 느꼈다. 곧이어 그들은 몇 가지 수수께끼와 마주하게 되었다. 개중에는 '어떻게 이집트인들이 시체에서 뇌를 들어냈을까?' 하는 의문도 있었다. 믿기지 않겠지만 미라의 두개골에는 어떠한 손상도 가해진 흔적 없이 뇌가 완벽히 제거돼 있었기 때문이다. 도대체 어떻게 이런 일이 가능했을까? 그 답은 간단했다. 바로 코를 통한 제거였다. 시체 방부처리를 맡은 사람은 끝에 고리가 달린 긴 철사를 코에 쑤셔 넣어서, 뇌의 덩어리를 조금씩 빼냈다. 이렇게 뇌를 완전히 제거하면, 제거할 때와 마찬가지 방법으로 콧구멍을 통해서 두개골 내부를 씻어냈다.

이집트인들의 이런 뇌 제거법과 유사한 기술이 현대의 뇌수술에 극적인 영향을 미쳤으니, 참 기이한 일이 아닌가! 최근까지도 두개골 바닥의 뇌종양을 제거하려면 두개골의 일부, 혹은 안면 골격의 일부를 제거해야 했다. 문제는 이 두 방법 모두 엄청난 혈액의 손실과 감염의 위험을 감내해야 한다는 것이다. 게다가 상당한 불편함과 상처를 동반하는 것도 골칫거리였다. 하지만 '비강(鼻腔) 내시경 뇌수술'

이라는 새로운 수술법이 등장했다. 이 수술법은 콧속으로 내시경을 삽입해 뇌종양의 위치를 직접 감지하는 방법이다. 내시경에는 초소형의 비디오카메라가 달려있어 이를 통해 실시간 영상이 수술실의 화면으로 전송된다. 또 내시경에 장착된 특별히 고안된 수술 도구는 종양을 해부하고 제거하는 데 쓰인다. 이 새로운 수술법은 신체의 부담이 훨씬 적어서 수술 후 회복 기간을 단 며칠로 줄였다. 예전의 수술법이라면 회복까지 몇 주, 혹은 몇 달까지도 걸릴 수 있지만 말이다.

† 성형수술은 언제 발명되었을까?

놀랍게도 성형수술은 무려 3,000년 이상 이어져 왔다. 예를 들어 인도에서는 부러진 코뼈를 복원하는 고대의 수술법에 대한 상세한 기록들이 발견되기도 했는데, 이 기록에는 수술 흔적을 없애기 위한 봉합에 관한 내용도 실려 있었다. 기원전 800년경에는 수슈루타 (Susruta)라는 고대 인도 의사가 간음에 대한 처벌로 잘린 코를 복원하는 수술법을 개발했다(간음에 대한 처벌에서 부부생활에 끼어든 사람의 잘못이 가장 크다고 규정되어 있었다. 그래서 간음한 자의 코를 잘라버렸다). 수슈루타는 수치와 극단적인 사회적 불명예를 초래하는 이 부상을 복구할 방법을 찾아냈다. 바로 뺨이나 이마의 살을 떼어서 잘린 코에 붙이는 것이었다.

1957년에 이탈리아의 의사 가스파로 탈리아코치(Gasparo Taglia-cozzi)가 이런 코 복원술을 더욱 발전시켰다. 그는 환자의 팔에서 피부판(Flap)을 채취해서 환자의 코에 꿰맸다. 피부 판이 여전히 팔에 붙어있는 채로 말이다. 그리고 이식된 피부가 완전히 자리를 잡으면 비로소 팔에서 피부 판을 잘라냈다. 15세기 이후의 유럽에서는 이런 코 복원술에 대한 수요가 상당했다. 매독의 지독한 후유증의 하나로 코를 잃은 환자들이 속출했기 때문이었다.

효과적인 마취제가 개발된 것이 1840년대였으니, 그 전에는 어떤 수술이든 엄청난 고통을 동반하지 않은 게 있었겠는가. 위험한 건 두말할 나위 없었다. 따라서 순수하게 미용이 목적인 성형수술은 생각하기 힘들었다. 흥미로운 사실은 '성형수술'을 뜻하는 영어 표현인 'plastic surgery'에서 '플라스틱'은 '인위적'이라는 뜻이 아니라는 점이다. 그렇다고 해서 수술에 쓰인 재료를 뜻하지도 않는다. 그 어원은 바로 그리스어인 '플라스티코스(plastikos)'라는 단어로 '주조하다' 혹은 '형상을 빚다'라는 뜻이다. 도자기라든지 조각 공예를 '플라스틱 아트'라고 부른다는 맥락에서 생각하면 이해가 될 것이다.

† 안락사와 낙태 수술만은 절대 안 하겠다고 맹세?

히포크라테스는 현대 의학의 아버지라 불린다. 그는 그리스의 코스 섬 출신으로, 제자들과 함께 수많은 의학서를 집필했다. 이 문헌들은 계몽주의 시대가 도래하기 전까지 서양의학의 근간으로 자리 잡았다. 히포크라테스는 당시 만연했던 '질병은 신의 형벌'이라는 미신을 거부한 최초의 의사였다. 그는 질병이 환자의 환경과 식단, 생활 습관의 산물이라 여겼다. 따라서 전문적인 의사라면 신들의 중재 없이도 자연스럽게 치유해야 한다고 주장했다. 히포크라테스 학파는 60여 개의 논문을 남겼는데, 이를 통틀어 '히포크라테스 전집(Hippocratic Corpus)'이라 일컫는다. 이 전집이 바로 19세기 전까지 의학의 기본바탕이 된 것이다.

한편, 의료행위를 둘러싼 윤리적 문제를 밝히기 위해 히포크라테스는 제자들과 함께 상세한 선서(宣誓, oath)도 작성했다. 의사의 의술에 대한, 그리고 환자에 대한 헌신을 설명하기 위해서였다. 바로 이 선서에 히포크라테스의 첫 번째 의료 원칙이 이렇게 서술되어 있다. "우선 해를 끼치지 말라.(Primum non nocere.)" 오늘날에도 의사들은 대부분 이 선언문의 개정안을 선서하곤 한다. 물론 현대인들이 '히포크라테스 선서'를 언급할 때 가장 흔히 떠올리는 것은 '환자가 의사에게 말하는 모든 게 비밀로 보장되어야 한다'는 원칙일 것이다. 물론 이 원칙도 선서에 포함되어 있다. 하지만 그의 선서에는 그 외에도 의술에 대한 다양한 언급이 담겨있다. 여기서 원문 전체를 찬찬히 살펴보기로 할까.

나는 치유자인 아폴로와 아스클레피오스 앞에, 건강의 여신과 치료의 여신 앞에, 그 외 모든 신과 여신을 증인으로 삼아, 이 선서와 각 조항을 내 최선의 능력과 판단에 따라 지키겠다고 맹세하노라.

나는 나의 의학적 스승을 내 부모와 같이 존경하고, 내 삶을 그와 나누며, 내가 진 빚을 갚을 것이다. 나는 그의 자손들을 내 형제처럼 여기고, 그들이 의술을 배우길 원하면, 아무 대가나 계약 없이 그들에게 의술을 가르칠 것이다. 나는 내 교훈과 강의를 비롯한 모든 가르침을 내 아들들과 내 스승의 아들들, 그리고 적절한 수련 및 선서를 거친 학생들에게만 줄 것이며, 다른 이에게는 주지 않겠다.

나는 내 능력과 판단을 최대로 발휘하여 환자들을 도울 것이다. 환자들에게 내 의술로 해를 끼치는 일을 삼갈 것이다.

나는 요청을 받더라도 치명적인 약을 아무에게도 주지 않을 것이며, 그런 약을 권하지도 않을 것이다. 또한, 여성들에게 낙태를 위한 어떤 수단도 처방하지 않을 것이다.

나는 내 삶과 의술을 순수하고 경건하게 펼칠 것이다.

나는 결석 제거를 위한 일이라도 절개를 하지 않으며, 절개를 전문적으로 행하는 이에게 그 절차를 맡길 것이다.

어느 집을 방문하더라도, 환자를 돕기 위해 갈 것이며, 해를 끼치거나 부상을 가할 의도로 가지 않을 것이다. 상대가 남자든 여자든, 노예든 자유인이든, 내 권한을 악용해 성적인 접촉을 하지 않을 것이다.

치료 중이나 사생활 속에서 보고 들은 것을 절대 발설하지 않을 것이다. 비밀을 지키고 아무에게도 얘기하지 않을 것이다.

그러므로 내가 만약 이 선서를 지키고 어기지 않으면, 나는 삶과 직업을 통해 번창하고, 내 당대의 모든 이들로부터 좋은 명성을 얻을 것이다. 하지만 만약 이 선서를 어기고 거짓 맹세를 하면 내 운명은 그 반대가 될 것이다.

—1950년 채드윅(J. Chadwick)과 만(W.N. Mann)

위의 선언서에서 컬러로 강조된 문장들을 살펴보자. 이를 선언하는 이들은 마치 안락사나 낙태, 나아가 어떤 수술도 할 수 없을 것처럼 보인다. 그렇다면 요즘의 의사들은 현대 의학에서 이 선언서를 어떻게 활용하고 있을까? 간단하다. 바로 개정안을 선서하는 것이다. 오늘날 의사들이 가장 흔히 하는 선서는 '제네바 선언', '마이모니데스의 기도', '라자냐 선서', 그리고 '히포크라테스 선서 복원판' 등이다. 이는 모두 히포크라테스 선서 원문의 개정안으로 공통점을 많이 포함하고 있다. 물론 각각의 선서는 현대의 의료 윤리와 의술에 적합하도록 수정되었다.

대부분의 의과대학 졸업생들은 사회로 진출해 진료를 보기 전,

이 네 가지 개정안 중 하나를 선서한다. 1993년에 미국과 캐나다의 의과대학 150곳에서 시행한 선서들을 분석한 조사에 따르면, 선서 중 14%만 안락사를 금지하고 있었다. 또 8%만이 낙태를, 오직 3%만이 의사와 환자들 간의 성적인 접촉을 금하고 있었다. 히포크라테스 선서 원문의 수술 지양 조항도 오늘날의 선서에 일정 형태로 등장하기는 한다. 물론 요즘에는 이 조항을 '어떤 의사도 모든 분야의 전문가일 수는 없다'라는 일종의 비유로 취급하지만.

† 구더기는 어디서 생겨날까?

구더기(maggot)는 파리의 유충이다. 구더기는 알에서 태어나는데, 파리는 주로 식량으로 여기는 것들 위에 알을 낳는다. 예를 들면 썩은 동물 사체 같은 것 위에 말이다. 하지만 사람들은 수백 년 동안 구더기가 동물 사체에서 자연적으로 생겨난다고 믿었으니, 참 재미있지 않은가. 그리고 이런 과정을 '자연 발생(spontaneous generation)'이라 칭했다. 당시의 사람들은 알이나 유충, 어버이 등이 없이도, 무기물에서 유기물이 탄생할 수 있다고 보았기 때문이다. 이러한 자연발생설은 무려 2,000년 이상이나 많은 생물의 근원을 설명하는 것으로 인정받았다.

가장 주목할 만한 자연발생설의 시조는 아리스토텔레스(기원전

384~322년)다. 아리스토텔레스는 자신의 문헌인 《동물탐구(History of Animals)》에서 자연발생설을 언급 한 바 있다. 그러니까, 벼룩이나 구더기는 썩은 생선으로부터, 쥐는 더러운 건초더미로부터 자연적으로 탄생한다고 여겼던 것이다. 그런가 하면 진딧물은 마법처럼 아침 이슬에서 태어난다고 보았다. 물론 확실하게 어버이로부터 태어나는 생물들도 많았다. 아리스토텔레스도 이 사실을 잘 알았지만 그래도 그는 무기물에서 태어나는 또 다른 생물 강(綱, Class)이 있다고 믿은 것이다. 놀랍게도 이 자연발생설은 늦게는 19세기까지 막대한 영향력을 끼쳤다.

하지만 점점 더 정교한 현미경들이 등장하면서 과학자들은 더 미세한 생물들의 형상을 관찰할 수 있게 됐다. 그러자 자연 발생의 문제가 또다시 대두되었다. 이 작은 미생물들이 자연발생설의 증거일까? 아니면, 여태껏 사람들이 전혀 몰랐던 미생물의 세계가 따로 존재하는 걸까? 이때 안토니 판 레벤후크(Antony van Leeuwenhoek)라는 이름의 네덜란드 과학자가 직접 특수 제작한 현미경으로 미생물을 관찰하기 시작했다. 그는 이 미생물을 '극미동물(animalcules)'이라 명명했다. 그는 빗물을 받은 지 며칠 후에 그 속에 미생물들이 사는 것을 발견했다. 이로부터 '이 작은 생명체는 도대체 어디서 왔을까?'라는 의문이 고개를 들었다.

18세기와 19세기에 걸쳐 행해진 여러 실험이 이 의문에 확실한 답을 마련해주었다. 이러한 과정에서 좀 더 효과적인 현대 의학의 발판도 마련되었다. 가장 먼저 영국의 과학자 존 니덤(John Needham)이 육즙을 병에 담아 미생물 실험을 해보았다. 1748년의 일이다. 그는 육즙을 끓이면 그 안의 미생물이 모두 죽을 것으로 예상했다. 그런데 시간이 흐르자 끓인 육즙은 부패하며 뿌옇게 변했다. 그러자 니덤은 육즙에서 미생물이 '자연적으로' 생겨난다는 자신의 주장이 옳다고 여겼다. 그 후 1765년에는 이탈리아 과학자 라차로 스팔란차니(Lazzaro Spallanzani)가 니덤과 비슷한 실험에 착수했다. 하지만 스팔란차니는 니덤과 달리, 끓인 육즙을 담은 병의 입구를 밀봉하여 공기가 통하지 않게 했다. 육즙에 어떠한 오염물질도 들어가지 않게 하기 위해서였다. 그러자 육즙에서는 아무런 미생물도 생겨나지 않았다. 밀봉한 병에서 미생물이 생겨나지 않았기에 자연발생설은 반박된 셈이었다.

하지만 자연발생설의 지지자들은 오히려 육즙에 공기가 통하지 않은 점을 지적했다. 이들은 공기야말로 자연 발생을 촉진하는 중요한 요소의 하나라 믿던 것이다.

결국, 1859년에 이르러서야 프랑스의 루이 파스퇴르가 이 난제를 해결한다. 그는 특별히 제작한 백조목 플라스크(swan-necked flask)에 육즙을 넣고 끓였다. 이 플라스크는 아래로 향하는 무척 길고 가는 목을 가지고 있어서 공기는 이 목을 통과해서 육즙에 닿을 수 있지만, 미생물이라면 구부러진 부분에 머물 터였다. 이 백조목 플라스크 속의 육즙은 끓인 후에도 아무런 미생물이 생기지 않았다. 공기만으로는 미생물이 발생하기에 충분치 않음이 증명된 것이었다. 이 우아한 실험은 누구든 쉽게 재현하고 시험해볼 수 있었다. 파스퇴르의 이 실험이야말로 자연발생설에 대한 가장 강력한 반박이 아닐 수 없었다. 후일 '세균이론'이라 알려진 이론의 발달에 핵심이 되는 역사적 순간이었다.

✾ 루이 파스퇴르가 자연발생설의 오류를 입증하는데 쓴 것과 비슷한 종류의 백조목 플라스크.

† 카이사르는 정말로 제왕절개로 태어났을까?

로마의 지도자였던 율리우스 카이사르는 제왕절개로 태어났다, 그러니까 제왕절개(Caesarean Section)라는 수술법 자체가 카이사르의 이름을 딴 것이다, 아니면 카이사르라는 이름이 그 수술법의 명칭에서 유래했다, 등등의 근거 없는 믿음은 지금까지도 이어지고 있다. 이 이야기는 너무나 널리 알려졌고, 심지어 옥스퍼드 영어 사전에 등재되었을 정도. 하지만 이 신화는 거의 확실하게 사실이 아니다.

우선, 제왕절개란 정확히 무엇을 뜻할까? 제왕절개란 임신 중인 여성의 복부를 절개하여 아기를 꺼내 출산하는 수술법이다. 질을 통한 자연분만이 너무 위험하다고 판단되는 경우에 시행된다. 카이사르가 태어난 시대뿐 아니라, 그 후 수 세기 동안 제왕절개는 극단적인 조치로 여겨졌다. 산모가 치명적인 위험에 처했거나 이미 사망한 경우에만 행해진 것이다. 로마 시대에는 이렇다 할 효과를 지닌 마취제가 없었다. 게다가 의사들은 제왕절개로 인한 큰 상처를 제대로 봉합할 방법도 없었다. 간혹 의사들이 가까스로 지혈에 성공하는 때도 있었다. 하지만 수술 상처로 인한 감염이 발생하리란 것은 불 보듯 뻔했다.

제왕절개를 통한 출산은 율리우스 카이사르의 탄생 이전으로 거슬러 올라간다고 알려져 있다. 하지만 기원후 1500년 전까지는 산모가 제왕절개 후에 생존했다는 기록은 남아 있지 않다. 바로 이 사실이 카이사르가 제왕절개로 태어난 게 아니라고 확신하는 이유다. 카이사르의 어머니는 46세까지 생존했기 때문이다. 게다가 카이사르라는 이름이 제왕절개 수술의 명칭을 딴 것일 리도 없다. '카이사르'라는 성은 그의 집안에 수 세대 동안 이어져 내려왔으니까. 로마 왕조는 상세한 계보를 기록해왔었는데, 자신들의 혈통이 트로이의 아이네아스 왕자와 비너스 여신으로 이어져 올라간다고 주장했다.

이처럼 카이사르가 제왕절개로 태어난 것은 아니다. 하지만 여전히 제왕절개라는 명칭과 이 황제의 이름 사이에는 연결고리가 있는 듯하다. 로마의 역사학자 플리니우스 1세에 따르면, '카이사르'라는 이름이 그의 가족사에 등장하게 된 이유는 카이사르의 먼 조상이 제왕절개로 태어났기 때문이라는 것이다. 따라서 제왕절개라는 명칭은 '자르다'는 뜻의 라틴어인 '카이데레(caedare)'에서 왔을 가능성이 있다. 혹은 산고로 사망한 산모에게 제왕절개를 시행할 것을 명하는 법인 '렉스 카이사레아(Lex Caesarea)'에서 기원했다고도 한다.

하지만 한편으로는 애초에 카이사르라는 성이 제왕절개와 전혀 연관이 없을 가능성도 있다. 오히려 머리카락을 뜻하는 '카이사리스(caesaries)'에서 유래했을 수도 있다. 조상 중에 태어나면서부터 머리카락이 풍성했던 이를 일컫는 의미에서 말이다. 혹은 청회색 눈을 가진 조상을 기리려 했는지도 모른다. '카이시우스(caesius)'라는 단어는 청회색을 뜻하기 때문이다. 그도 아니면 1차 카르타고 전쟁 때 코끼리를 죽인 자신의 선조를 기리기 위해서 코끼리를 뜻하는 카르타고 단어인 '카이사이(caesai)'에서 기원한 것인지도 모른다. 실제로 카이사르는 자신의 통치 기간 중 '카이사르'라는 글자 위에 코끼리의 형상을 새겨 넣은 동전을 주조하기도 했다. 그걸 보면 카이사르가 코끼리와의 연관성을 더 선호했을 거란 추측이 가능하다.

† '특징의 원칙'이 뭐지?

'특징의 원칙(Doctrine of Signatures)' 혹은 '약징주의(藥徵主義)'는 고대의 의료 진단 시스템으로, 창조주는 자신의 모든 창조물에다 어떤 표지(標識, sign)를 남겨놓았으며, 이 표지야말로 각 창조물의 목적에 대한 단서를 제공한다는 간결한 원리에 기반을 두고 있다. 예를 들면 호두는 뇌 건강에 좋다고 믿어왔는데, 그 이유는 호두 모양이 뇌 모양과 비슷하기 때문이다. 심지어 호두는 마치 뇌처럼 단단한 껍데기 안에 부드럽고 성긴 조직이 들어있기까지 하다. 이 '특징의 원칙'은 적어도 로마 시대의 가장 유명한 의사였던 갈레노스(Claudius Galenos, 기원전 129~200년)의 시대에는 의학 이론의 주춧돌과도 같았다. 그리고 늦게는 19세기 말까지도 의학의 핵심 이론으로 남아 있었다.

　'특징의 원칙'에 따르면 자연치유법의 재료들은 치료하고자 하는 질병의 모양을 형상화하는 등의 힌트를 담고 있다. 가령 삼색앵초(lungwort)는 폐 건강을 개선하는 효능이 있다고 알려져 있다. 그 이유는 이 흰점이 군데군데 난 계란형의 잎사귀의 식물이 마치 병든 폐의 모양과 비슷하기 때문이다. 개종용(toothwort)이라고도 불리는 황새냉이(cardamine)는 치통에 효과가 있다고 알려져 있다. 작고 하얀 꽃이 이빨의 모양을 닮았기 때문이다. 또 금사매(St John's Wort)는 피부 건강에 좋다고 하는데, 이 식물의 잎사귀 속 지방분비선이 피부의 모공과 닮아있기 때문이다. 이러한 효능에 관한 주장들이 입증된 사례도 있다. 예를 들어 금사매는 현대 의학에서 강력한 항생제 성분을 지닌 것으로 인정받았다. 그래서 상처가 빨리 아무는 데 도움이 된다는 것이다. 이외에도 금사매는 우울증 치료 약초로 쓰이기도 한다. 물론 최신 의학 연구들에 따르면, 실제로는 기껏해야 위약(偽藥)효과(placebo effect)를 지닐 뿐이라는 등, 의견이 분분하지만.

　하지만 '특징의 원칙'에 근거한 치료법들은 실제로 확실한 의학적 가치는 없다. 예를 들어 사리풀(henbane)은 그 씨방이 인간의 턱 모양을 닮았다고 해서 치통에 효과가 있다고들 한다. 하지만 사리풀은 오히려 치명적일 수 있는 독성 환각 물질을 포함하고 있다. 물론 오늘날의 주류 의학계에서는 '특징의 원칙'을 심각하게 받아들이지 않는다. 만약 효과가 있다면 그저 우연의 일치이거나 아전인수격 해석이라고 여길 정도다. 금사매가 피부의 상처 치료에 도움이 된 것을 본 사람들이 현대 의학적 이해 기준에 끼워 맞추기 위해서 잎사귀와 피부의 외형적 유사성을 가까스로 찾아내 주장했다는 것이다.

그러나 최근 발전 중인 현대 의료계의 두 분야에서는 여전히 '특징의 원칙'을 진지하게 여긴다. 첫 번째로 오늘날의 약초의(藥草醫) 또는 허벌리스트들은 '특징의 원칙'을 통해 여러 식물 추출액의 잊힌 효능에 대한 단서를 얻거나, 현존하는 약초 건강보조제들의 효능을 뒷받침하려 한다. 둘째로 '특징의 원칙'은 질병의 증상과 비슷한 증상을 인체에 유발함으로써 치료하는 동종요법(同種療法, homeopathy)을 정의하는 두 이론 중 하나다. 동종요법의 맥락은 대개 '비슷한 것이 비슷한 것을 치료한다(Like Cures Like)'로 요약할 수 있다. 이외에 동종요법의 주축이 되는 또 다른 이론은 바로 '극소의 법칙(Law of Infinitesimals)'이다. 즉 약에 들어가는 성분이 소량일수록, 약의 효과는 더 커진다는 것이다. 이 법칙을 따르기 때문에, 동종요법에 쓰이는 약은 물 외에는 거의 포함된 게 없을 정도다. 물론 동종요법의 신봉자들은 이 물이야말로 특정 기억 혹은 물질의 원형을 담고 있다고 주장한다. 이런 동종요법은 주류 과학계로부터 '돌팔이'라고 평가절하되기도 한다. 하지만 영국 국립보건원이 동종요법을 위해 제공하는 뒷받침과 연구 지원금은 최근 몇 년 동안 급격히 증가하고 있다.

✝ 세계 최초의 수혈은 잉카족?

유럽 의학사에서는 현대적인 수혈의 개념이 1901년 오스트리아의 병리학자 칼 란트슈타이너(Karl Landsteiner)에 의해서 정립된 것으로 본다. 란트슈타이너가 모든 인간은 각자 서로 다른 혈액형을 지니고 있음을 깨달았기 때문이다. 물론 이 발견 이전에도 수차례 수혈이 시도되긴 했었다. 하지만 인간의 몸은 다른 혈액형을 접하면 면역반응을 일으키기 때문에, 이는 치명적으로 위험한 노릇이었다. 이에 란트슈타이너는 혈액 제공자와 수혈자의 혈액형을 맞추어야 한다고 결론지었다. 정확한 판단이었다.

그러면 이 중요한 발견 전에 시도된 수혈의 몇몇 사례를 살펴보자. 1942년에 교황 인노첸시오 8세는 혼수상태에 빠진 후, 세 명의 어린 소년으로부터 수혈을 받았다. 하지만 결과적으로 넷 모두 사망하고 말았다고 한다. 1667년에는 프랑스 의사 쟝 바티스트 드니는 고열에 시달리는 한 젊은 사내에게 236㎖에 달하는 양의 피를 수혈했다. 이전에 이 젊은이는 반복적으로 사혈(瀉血, bloodletting)을 받고 있었다. (이 시대에는 사혈이 흔한 의료행위로, 거의 모든 병의 치료에 쓰였다) 놀랍게도, 수혈을 받은 젊은이는 살아남았다. 드니는 또 어떤 노동자에게도 양의 피를 수혈했는데, 그 역시 살아남았다. 이 두 경우에는 수혈한 피의 양이 비교적 적어서 환자들이 알레르기 반응을 이겨낸 것으로 보였다. 하지만 안타깝게도 드니의 다음 환자는 사망했다. 그 결과, 영국과 프랑스에서는 수혈이 금지되기까지 했다. 사망한 환자가 수혈이 아니라 아내의 독살 때문에 죽은 것이라는 소문이 돌긴 했지만 말이다.

그런데 놀랍게도 드니보다 훨씬 전에 남아메리카의 잉카인들 사이에서 수혈이 성공적으로 시행됐다는 몇몇 기록이 남아 있다. 잉카 제국은 15~16세기 동안 빠르게 영토를 넓혀, 남아메리카의 서쪽 해협 지대 대부분을 차지했다. 북쪽으로는 현재의 콜롬비아에서 그 아래로는 오늘날의 아르헨티나에 이르는 광활한 지역이었다. 그런데 잉카 제국의 치료는 한마디로 피가 난무했다. 현존하는 잉카 문명에 대한 가장 훌륭한 기록은 엘 잉카 가르실라소(El Inca Garcilaso)가 남긴 것이다. 가르실라소는 스페인 정복자와 잉카 공주 사이에서 태어난 아들이었다. 그는 자신의 글에서 사혈을 위주로 한 의료 체계를 설명한 바 있다. 예를 들어, 환자들은 환부에 근접한 부위에 사혈 조치를 받는다. 만약 두통이라면, 이마에서 양 눈썹이 맞닿는 부위에 사혈을 받는 식이다.

그나저나 동시대 유럽인들은 수혈에 실패했는데, 잉카인들은 어떻게 했기에 성공할 수 있었을까? 그 답은 간단하다. 바로 잉카인들은 모두 같은 혈액형을 지녔기 때문이었다. 대부분의 잉카인은 O형에 Rh+인 혈액형을 가지고 있었다. 그러니 수혈로 인한 부적합 반응이 거의 없었던 것이 어찌 보면 당연한 일이었다.

2

역겨운 질병들

햇살이 잘 들어오는 곳에는

의사가 올 필요가 없다.

— 유럽의 전통 속담

† 손수레에 자신의 불알을 올려놓았던 사내들?

환부가 부풀어 오르고 딱딱해져 코끼리 피부처럼 변한다는 상
피병(象皮病, elephantiasis). 놀랍게도 일부 상피병 환자들은 실제로 자신
의 불알을 외바퀴 손수레로 옮겨야만 했다. 음낭이 너무도 크게 부
풀어 올랐기 때문이었다. 신체 형태의 변질을 불러오는 불쾌한 상피
병은 아프리카 곳곳과 인도, 남아시아 등에서 발견된다. 전 세계적
으로는 120만 명 정도가 이 병에 걸린다고 한다. 이것이 풍토병으로
자리 잡은 지역에서는 약 10~50%의 남성들과 약 10%의 여성들이

그 영향을 받는다.

상피병은 실처럼 가늘고 긴 사상충(絲狀蟲, filarial worms)에 의해 발병한다. 사상충은 모기를 통해 전파되며 인간의 혈관 속에 기생하여 번식한다. 이런 과정을 통해 인간의 림프계를 감염시키는 것이다. 상피병에 걸린다면 오랜 시간 동안 무증상처럼 보이겠지만 그동안 사상충은 환자들의 혈액 속에서 급격하게 번식한다. 마침내 증상이 나타나기 시작하면 그 양상은 꽤 극적이다. 환자들의 팔다리나 생식기, 가슴 등이 기이하리만큼 부풀어 오르기 때문이다. 환자들은 여성들보다는 남성들이 더 많으며, 음경 및 음낭이 부푸는 일이 잦다.

최근에는 의학이 발전한 덕에 증상 없는 환자들에게서도 상피병을 진단하기가 훨씬 쉬워졌다. 그리고 항생제를 통한 치료가 가능하다. 음낭상피병 환자의 경우는 수술이 큰 도움이 된다. 세계보건기구(WHO)는 상피병을 2020년까지 완전히 없애겠다는 야심 찬 목표를 세우기도 했다. 현재까지는 순조롭게 그 과정이 진행 중이라고 한다.

† '엘리펀트 맨'은 완전히 사라진 걸까?

'엘리펀트 맨(Elephant Man)'이라 불린 조셉 메릭(Joseph Merrick)은 바로 이 상피병을 앓았다고 알려져왔다. 하지만 오늘날에는 그가 사실

두 가지 희귀 질환을 복합적으로 앓았을 것이라는 관점이 우세하다. 바로 프로테우스 증후군과 신경섬유종증(神經纖維腫症) 제1형이라는 병이다.

메릭은 1862년 영국의 레스터 지역에서 태어났다. 태어났을 때는 아무런 특이점이 없었다. 그렇게 건강하고 평범한 어린 시절을 보내던 메릭은 다섯 살이 되자 피부에 문제가 생기기 시작했다. 피부가 점점 두꺼운 회색 덩어리처럼 변하는 것이었다. 게다가 윗입술도 부풀기 시작했다. 자라나면서, 메릭의 오른팔도 괴상하리만큼 부풀어 올랐다. 다행히 왼팔은 홀쭉한 정상 상태였지만. 그러는 사이, 그의 얼굴도 점점 더 부풀어만 갔다. 이마에는 크고 딱딱한 혹까지 생겼다. 설상가상으로 낙상 때문에 그는 평생 다리를 절게 되었다.

학교를 자퇴한 후, 메릭은 여러 직업을 시도했다. 하지만 점점 더 나빠지는 몸 상태와 충격적인 외모 때문에 일하기가 불가능해졌다. 처음에는 시가를 돌돌 마는 공장에서 일했는데, 그만 손가락이 너무 두꺼워지는 바람에 일에 필요한 손의 기민함과 유연함을 잃어버렸다. 그 후 그는 놀랍게도 방문 외판원으로 일했다. 하지만 정작 물건을 사야 할 고객들이 그를 보고 기겁하기 일쑤였다. 그뿐만 아니라 이제 그의 얼굴은 너무도 부풀어 올라, 말하는 것을 알아듣기조차 힘들 지경이었다. 결국, 그는 극빈자 수용소로 거처를 옮겼다. 그

제야 그는 기이한 동물이나 사람을 전시하는 프릭 쇼(freak show)에 출연하는 것만이 자신에게 남은 유일한 선택임을 깨닫는다.

이윽고 메릭은 어느 흥행사와 손을 잡았다. 흥행사는 '엘리펀트 맨'이라는 이름으로 메릭을 대중에 소개했다. 그리고는 메릭의 어머니가 임신 중에 날뛰던 코끼리 떼에 밟히는 바람에 메릭이 태어날 때부터 기형적인 모습이었다는 기상천외한 이야기를 지어냈다. 물론 이 얘기는 흥행사의 터무니없는 상상으로 들리지만 1862년 레스터 지역에 코끼리 떼가 출몰했던 건 사실이었다. 덕분에 그 얘기에는 왠지 그럴싸한 면이 있어 보였다. 물론 어머니가 정말로 코끼리에 밟혔다 해도 메릭이 그런 기형을 겪지는 않았겠지만.

그런데 이 괴물을 구경하던 관중 속에는 프레더릭 트래비스(Frederick Treves)라는 한 의사가 있었다. 그는 메릭의 증상에 특별한 관심을 가졌고, 그를 병원에 데려와 여러 차례 검진하기에 이른다. 한편, 프릭 쇼를 유럽대륙에 선보이려던 시도가 실패로 돌아가면서, 메릭은 사기를 당해 빈털터리 신세가 됐다. 결국 트래비스는 메릭을 보살피기로 하고 런던병원에서 살도록 해주었다. 그러고 나서 그는 메릭의 치료를 위한 대중 모금 운동을 시작했다. 그 과정에서 메릭은 유명인사가 된다. 시간이 흐를수록, 사람들은 메릭을 연민의 눈으로 바라보기 시작했다. 덕분에 메릭은 여러 저명한 유명인사들과 교류도 했다. 그중에는 덴마크의 알렉산드라 공주와 영국의 빅토리아 여왕도 있을 정도였다.

그의 상태에 대한 정확한 의학적 진단과는 별개로 메릭에게는 또 하나의 수수께끼가 남아 있다. 도대체 그는 어떻게 죽음을 맞이했을까? 데이비드 린치(David Lynch) 감독의 1980년 영화 〈엘리펀트 맨〉에서는 메릭이 수면 중 질식사한 것으로 묘사된다. 하지만 이게 사실일 가능성은 적다. 메릭의 사체가 발견되었을 때, 그의 목뼈는 탈구된 상태였으며 아마도 이 탈구가 그를 죽였을 것이다. 그의 머리가 너무나 무거워서 똑바로 누워 잘 수가 없었기 때문이다. 하지만 바로 운명의 그날, 그는 자신의 기형을 잊고 단 한 번만이라도 보통 사람처럼 누워서 자고 싶었는지 모른다.

이처럼 상상하기 어려운 고통을 감내하면서도 메릭은 점잖고 교양이 있는 사내였다. 사람들과 편지로 소통할 때 그는 영국의 목회자이자 시인인 아이작 와츠(Isaac Watts)의 다음과 같은 시구를 자주 인용하곤 했다.

그래, 맞다, 내 모습은 다소 기이하다.
하지만 날 탓한다면 그건 신을 탓하는 일.
내 모습을 새로 창조할 수만 있다면,

틀림없이 당신을 기쁘게 했을 텐데.

내가 만약 세계 곳곳에 닿을 수 있거나,

한 뼘으로 바다를 움켜쥘 수 있다면,

나는 영혼으로 평가받을 텐데.

마음이야말로 인간을 평가하는 기준이니까.

다행히 오늘날에는 프로테우스 증후군과 신경섬유종증 모두 효과적인 수술과 치료를 할 수 있다. 게다가 메릭과 같은 경우는 극적으로 증상이 도드라지기 때문에, 아마도 앞으로는 '엘리펀트 맨'이 존재하지 않을 것이다. 메릭처럼 심각한 증상을 보이는 이들은 재빨리 효과적인 치료를 받을 수 있을 테니까.

✝ 인간은 얼마나 자주 구토를 할 수 있을까?

아마 당신이 생각하는 것보다 훨씬 더 자주 할 수 있을 것이다. '주기성 구토 증후군'이라는 유별난 증상이 있다. 이 증후군을 겪는 이들은 한 시간에 무려 열두 번이나, 그것도 몇 주에 걸쳐 구토할 수 있다. 그러니까, 5분마다 한 번씩 토하는 셈이다.

하지만 구토와 발작 사이의 휴식기에는 아무런 증상이 없다. 또 발작에는 흔히 정해진 패턴이나 에피소드가 있다. 이 불쾌한 증후군은 1882년 새뮤얼 기(Samuel Gee)라는 의사에 의해 처음 진단되었다. 주로 3~7세 사이의 어린이들에게 발병하며, 성인기에 들어서까지 이어질 수 있다. 주기성 구토 증후군 환자 중엔 증상 때문에 너무 쇠약해져서 학교나 직장에 다니기 힘들어하는 경우도 더러 있다. 물론 그렇게까지 극적인 영향을 받지 않는 환자들도 있지만.

이 증후군의 정확한 원인은 밝혀지지 않았다. 하지만 아마도 편두통과 연관된 것 같다. 이 증후군을 앓는 많은 이들이 편두통에 대한 가족력이 있기 때문이다. 사실 주기성 구토 증후군과 편두통 간에는 꽤 비슷한 양상이 있다. 두 질환 모두 갑자기 급격한 고통을 느끼며, 겹치는 증상도 있다. 또 둘 다 무증상의 휴식기가 있고, 통증을 유발하는 자극도 비슷한 경우가 많다. 주기성 구토 증후군 환자 중에는 이러한 자극을 예상할 수 있다는 사람도 있는데, 특정 질병이나 스트레스, 음식, 흥분이나 불안 및 공황장애 같은 것이 여기 포함된다.

일단 구토 발작이 시작되면, 대개 휴식 및 수면이 필요하다. 스스로 신체적 증상을 조절하는 법을 배우는 환자도 많다. 또, 잦은 구토는 탈수와 체내 전해질의 상실을 일으키므로, 환자들은 종종 진통제나 멀미약을 처방받는다. 한편, 구토는 식도 내 염증 및 상처의 원인이 되기도 하는데, 이는 위산 때문이다. 이런 경우는 구토에 피나 담즙이 섞여 나올 수 있다고 한다.

✟ '왕의 악(惡)'이라니?

'왕의 악(King's Evil)'이란 유럽에서 연주창(連珠瘡, scrofula)이라는 끔찍한 병을 가리키는 구어적 표현이다. 연주창은 목 주위의 피부에 생기는 결핵성 염증으로 림프절(節)에 영향을 준다. 그리하여 목과 가슴 주변에 커다랗고 푸른 혹은 보랏빛의 종창(腫脹, swelling)을 유발한다. 이런 종창은 초기에는 미관상 안 좋을지라도 고통을 수반하지는 않는다. 하지만 어느 정도 시간이 지나면 결국 곪아 터져서 상처가 공기에 노출되는 심각한 개방성 상처가 돼버린다. 연주창은 결핵균에 의해 주로 성인층에서 발생하며, 사람과 사람 간의 호흡으로 전파되곤 한다. 20세기에 들어서 결핵이 급감하며 연주창도 거의 종적을 감추는 듯했다. 하지만 에이즈의 창궐로 인한 면역체계의 약화 때문에 연주창의 발병도 다시 조금씩 늘어나고 있다.

물론 요즘에는 연주창이 대부분 항생제로 쉽게 치료된다. 하지만 과거 수 세기 동안에는 이렇다 할 치료법이 없었다. 앞서 말한 것처럼 연주창은 '왕의 악'이라 불렸는데, 이는 왕의 손이 닿으면 종창이 낫는다고 믿었기 때문이다. 이런 소위 '왕실의 치유 능력'은 참회왕 에드워드(Edward the Confessor)로부터 전해 내려왔다고 한다. 영국과 프랑스의 많은 왕이 이런 능력을 과시했다. 수많은 연주창 환자들을 만지고, 이들에게 동전을 나눠주는 의식을 행했던 것이다. 예를 들어 프랑스의 헨리 4세는 한 번 앉은 자리에서 1,500명의 연주창 환자들을 만졌다고 전해진다. 또 영국의 찰스 2세는 재위 기간 중 총 9만 2,107명의 환자에게 왕족의 손길을 베풀었다. 물론 그토록 자세한 기록을 왜 남겼는지는 뚜렷이 밝혀진 바 없지만. 여하튼 영국의 대문호인 새뮤얼 존슨(Samuel Johnson)도 어린 시절 연주창 때문에 앤 여왕의 손길을 받은 적이 있다고 한다.

하지만 이런 의식은 18세기 들어 완전히 사라지게 되었다. 왜일까? 적어도 영국에서는 이 의식이 너무도 '천주교스러운' 것이라 느꼈기 때문이다. 그런가 하면 프랑스에서는 루이 17세 왕세자가 연주창으로 사망하면서 이런 의식이 큰 타격을 입었다. 왕실의 치유 능력에 대한 신뢰가 무너졌기 때문이다.

† 방귀를 유리병에 담아 흑사병을 물리칠 수 있다고?

흑사병은 인류사에서 가장 혹독한 전염병이었다. 1348년부터 1350년 사이에 흑사병은 당시 총인구가 겨우 400만 명이었던 영국에서만 150만 명의 목숨을 앗아갔다. 흑사병은 환자의 사타구니, 목과 겨드랑이에 불쾌한 검은 가래톳이 생기며, 고름과 피가 나오는 것이 특징이다. 흑사병 환자들은 발열이나 메스꺼움과 구토 증상을 보이며, 대개 처음 감염된 지 4~7일 안에 사망한다. 영국에서는 1350년 이후 흑사병이 점차 사그라졌다. 하지만 완벽하게 퇴치하지는 못했고 세대마다 정기적으로 흑사병이 발생했다. 그리고 마지막으로 흑사병이 대대적으로 발병한 것은 1665년의 런던 대역병(Great Plague of London) 때였다.

그때는 의약품이라고 해봤자 고대 그리스 시대부터 내려온 이론에 바탕을 둔 정도였다. 앞서 살펴본 '특징의 원칙' 같은 단순한 이론 말이다. 여하튼 과거의 사람들은 흑사병이 치명적인 증기(蒸氣)에 의해 발생한다고 믿었다. 따라서 또 다른 고약한 냄새로 흑사병을 물리친다는 아이디어는 꽤 말이 되는 것 같았다. 심지어 어떤 의사들은 더러운 염소를 집 안에 들이라는 처방을 내리기도 했다. 치료에 도움이 되는 악취를 생성하기 위해서였다. 또 어떤 의사들은 다른 악취를 써보라고 권했으니, 바로 인간의 방귀였다. 의사들이 귀중한 악취를 낭비하지 말고 유리병에 저장해 두라고 권고한 것이다. 그래서 동네에 고약한 흑사병이 퍼지면 병을 열어 방귀를 들이마실 수 있도록 말이다.

† '무서워 벌벌 떨다'라는 이름으로 불린 병은?

그건 '쿠루(kuru)'라는 이름의 병이다. 이는 기이한 불치병인 뇌질환으로, 적어도 아직까진 뉴기니 고지대의 '포레이'라는 소수민족에만 발병됐다. '쿠루'라는 단어는 포레이족의 고유어로 '무서워 벌벌 떨다'라는 뜻이다. 여기엔 이중적 의미가 있는데, 우선은 말 그대로 병의 주된 증상 중 하나가 온몸을 떠는 것이기 때문이다. 두 번째로는 병의 치사율이 무서우리만큼 높다는 뜻이다. 초기 증상이 나타난 후 쿠루 환자는 1~2년 안에 거의 확실히 사망한다. 이는 인류에게 알려진 모든 병 가운데 가장 치사율이 높은 편에 속하는 것이다.

쿠루병은 1957년에 처음 발견되었다. 하지만 당시에는 병이 그리 오래가지 않았다. 포레이족 원로들의 증언에 따르면, 자신들이 어렸을 때는 이 병이 없었다고 한다. 그러니 쿠루병은 존재한 지 20년이 채 안 된 것으로 보였다. 포레이족은 뉴기니의 고원지대에서 살면서 완전히 고립된 공동체였다. 그리고 다른 지역에서 쿠루병의 사례가 보고된 적은 없었다.

쿠루병의 원인은 포레이족의 끔찍한 식인 장례 풍습 때문으로 여겨진다. 부족의 일원이 사망하면 여자 친척들이 나서서 사체를 토막 내는 것이 의례였다. 팔과 다리, 그리고 몸의 근육을 제거하고, 가슴 부위를 도려내어 장기들을 꺼낸 후 뇌도 제거한다. 그리고는 부족이 다 함께 사체를 요리해 먹는 것이었다. 심지어 뇌도 먹었는데 뇌야말로 쿠루병 감염을 촉발하기 가장 쉬운 기관인 것으로 보였다.

게다가 부족은 쿠루병으로 사망한 사체를 특히 더 귀하게 여겼다. 사체의 지방층이 마치 돼지고기와 비슷했기 때문이었다. 가장 깨끗한 살 부위는 부족의 남성들에게 돌아갔고, 뇌를 포함한 나머지 부위는 여성이나 어린이들 차지였다. 왜 쿠루병 발병이 남성들보다 여성들에게서 8~9배 더 많았는지를 설명하는 대목이다. 또 하나의 이유는 여성이 사체를 도려내는 책임을 맡았기 때문이라는 것이다. 아마도 여성들은 작업 중 베인 상처 등으로부터 직접 병균에 감염되었을지 모른다. 뇌를 섭취해서라기보다는 말이다.

쿠루병은 급격하게 풍토병으로 번졌고, 그 증상도 매우 극적이었다. 초기 증상은 두통 및 관절통, 온몸의 떨림과 점진적인 사지(四肢) 조정 능력의 상실 등이었다. 일부 환자들은 병적인 웃음 발작까지 일으켰다. 시간이 더 지나면 환자들은 서 있기도 힘들게 되며, 심지어 음식도 먹지 못하게 된다. 결국, 쿠루병이 창궐하던 시기에 많은 포레이 원주민들이 굶주림으로 사망했다. 1957년에서 1968년 사이에는 1,100명 이상의 부족민들이 쿠루병으로 목숨을 잃었다. 부족 전체가 겨우 8,000명인 것을 고려하면 매우 큰 숫자였다. 하지만 쿠루병에 대한 치료법은 없었다. 다행히 쿠루병은 점차 쇠퇴하기 시작했다. 호주 정부와 기독교 선교사들이 포레이족에게 식인 장례 풍습을 멈출 것을 설득한 덕분이었다.

쿠루병의 특이점은 또 있으니, 바로 감염병임에도 바이러스나 박테리아, 기생충이 원인이 아니라는 사실이다. 쿠루병은 프리온(prion)에 의해 발생한다. 프리온은 변형 단백질로서 무슨 이유에서인지, 체내 다른 단백질들의 모양을 변형시킨다. 크로이츠펠트─야콥병, 흔히 광우병으로 불리는 소해면상뇌병증(BSE), 그리고 면양떨림병(scrapie) 등도 프리온에 의해서 생기는 질병에 속한다. 특히 이 세 개의 질병을 묶어 '전염성 해면양뇌증(TSE)'이라 부른다. 전염성 해면양뇌증은 간단히 말해 환자의 뇌가 마치 스펀지처럼 뚫리는 무서운 병이다. 다행히 오늘날에는 쿠루병이 완전히 멸종된 것으로 보인다.

† 에볼라 바이러스는 왜 세균전에 불리한 무기일까?

에볼라 바이러스는 정말로 끔찍한 질병을 유발한다. 이 바이러스는 혈관 세포를 파괴해서 막대한 내출혈을 일으킨다. 그뿐인가, 감염이 쉬울뿐더러 치사율도 매우 높다. 에볼라는 아프리카 열대지역의 풍토병으로 1976년에 현재의 콩고민주공화국에서 처음 발견되었다. 처음 발병 당시 300명 이상이 감염되었으며, 그중 90% 이상이 목숨을 잃었다.

하지만 에볼라 바이러스의 높은 전염성과 치사율이 세균전의 무기로 이용될 수 없는 이유는 아주 단순하다. 환자들이 너무 일찍 사망하기 때문이다. 이에 반해 독감과 같은 바이러스는 빠르게 퍼질 수 있다. 전파력이 매우 높기 때문이다. 게다가 독감의 초기 증상은 비교적 온화한 편이다. 따라서 독감 환자들은 꽤 오랫동안 전염성을 지니게 된다는 얘기다.

하지만 에볼라는 그렇게 쉽게 전파되지 않는다. 여기엔 몇 가지 이유가 있다. 첫째로, 에볼라는 초기 단계에서 전염성이 그렇게 높지 않다. 약 5~18일의 잠복기가 지나야 증상이 비로소 시작되는 것이다. 이때의 증상은 고열, 복부 통증, 피가 섞인 구토 등으로 심각하다. 일단 이런 증상들이 나타나면, 환자 대부분은 일반적으로 고작 2주밖에 살지 못한다. 그리고 곧 대부분이 다발성 장기부전(臟器不全)과 과다출혈로 사망하는 것이다. 몇몇 에볼라 균주(菌株)의 치사율은 90%일 정도로 높다. 즉 감염된 환자 중 90%가 사망하는 것이다. 그에 비해, 인류 최악의 팬데믹이었던 스페인 독감(Spanish Flu)의 치사율은 겨우 5~10% 정도였다. 1918~1920년에 발생한 스페인 독감은 당시 약 5,000만 명의 사망자를 냈다. 에볼라 환자들은 증상은 심각해도 매우 짧은 시간 동안만 전염력을 지니므로, 타인에게 병을 전파하는 범위가 그만큼 제한되는 것이다.

어쨌거나 에볼라 바이러스는 세균전에 이상적인 무기는 아닌듯 하다. 물론 그렇다고 이를 시도해 본 사람들이 아예 없는 건 아니다. 1992년, 일본의 기괴한 신흥종교단체인 옴진리교가 에볼라 바이러스를 구해 세균전의 무기로 악용하려 했다. 이 단체의 주교인 아사하라 쇼코는 약 40명의 신도를 거느리고 콩고민주공화국으로 향했다. 의료 봉사를 간다는 핑계를 대고 에볼라 바이러스의 샘플을 손에 넣으려 한 것이었다. 그 후 1995년, 옴진리교는 동경 지하철에 사린 가스를 살포하는 끔찍한 공격을 자행해 유죄판결을 받았다. 경찰이 후지산 기슭의 옴진리교 본부를 급습했는데, 거기서 각종 화학 및 세균전 무기들이 발견됐다. 그중에는 에볼라와 탄저병 바이러스, 각종 총기류와 폭발물들도 있었으며, 심지어 러시아군의 다목적 헬리콥터 Mil Mi-17도 한 대 있을 정도였다. 옴진리교의 사린 가스 살포는 일본 역사상 최악의 테러 공격이었다. 게다가 그 동기도 불분명했다. 옴진리교에 대한 경찰의 반복적인 수사를 딴 데로 돌리려고 테러를 감행했다는 설도 등장했지만.

† 사람에게도 뿔이 날 수 있을까?

놀랍게도(!) 그럴 수 있다. '피각(皮角, cornu cutaneum)'이라는 희귀한 병이 있는데, 이 병에 걸린 이들은 괴상한 뿔 모양의 돌기가 난다. 이 돌기는 마치 뿔이나 나무나 산호를 닮았으며, 단단하고 부러지기 쉬운 재질이다. 피각은 주로 신체에서 잘 드러나는 부위에 나는데, 예를 들면 얼굴이나 귀, 팔목, 손 등이다. 아마도 피각은 태양 빛의 방사선에 대한 노출과 연관이 있을지도 모른다. 이 부위들은 햇빛과 접촉하기 쉽기 때문이다. 혹은 사마귀의 원인이 되는 '인체 유두종(乳頭腫) 바이러스(human papilloma virus)'군과 관련이 있을지도 모른다.

사실 피각은 일종의 종양(腫瘍)으로, 이는 양성일 수도 있고 악성일 수도 있으며 악성이 되기 전의 상태일 수도 있다. 치료법으로는 주로 수술을 권한다. 피각은 케라틴으로 구성되는데, 케라틴은 우리의 머리카락이나 손톱에서 발견되는 다목적 단백질이다. 이 케라틴은 다양한 동물들의 뿔과 발굽, 집게발 등에도 들어 있다.

최근에도 참으로 경이로운 피각 사례가 있었다. 장 루이팡이라는 101세 중국 노인의 이마에 마치 악마를 연상시키는 커다란 뿔들이 자라나기 시작한 것이다. 먼저 이마 한구석에 육 센티미터가 넘는 두껍고 검은 뿔이 자랐다. 그리고 이마의 다른 쪽에서 먼저 난 뿔과 짝을 이루는 새로운 뿔이 자라기 시작한 것이다. 이 뿔들 때문에 장 루이팡 할머니는… 글쎄, 마치 악마를 떠올리게 하는 모습이 되었다.

✸ 101세의 피각 환자 장 루이팡 할머니.

† 사람은 동물과도 질병들을 공유할까?

물론, 공유하다마다. 인간은 수백 가지 질병을 동물들과 공유한
다. 이런 병들을 '인수공통(人獸共通) 감염병(zoonosis)'이라 부른다. 말

이야 바른 말이지, 지금 인간이 겪는 질병 중에는 먼저 동물에게 나타난 후에 옮겨 오는 것들이 얼마나 많은지 모른다. 약 1만 년에서 1만 2000년 전, 마지막 빙하기 시대에 사람들은 유목 생활을 하는 수렵 채집 사회에서 정착을 바탕으로 하는 농경 사회로 진입했다. 이런 변화의 한 가지 결과가 바로 사람들이 가축들과 가까이 지내게 됐다는 것이다. 특히 가금류, 개, 돼지, 말, 양, 소 등과 함께.

바로 이 시점부터 원래 동물들을 감염시키기 위해 진화해온 병들이 변이의 과정을 거쳐 인간도 감염시키기 시작했다. 종(種)의 벽을 넘어선 것이다. 그리하여 말로부터는 일반 감기가, 개로부터는 홍역이 사람에게 옮았다. 또 돼지와 오리는 독감을 옮겨줬고, 소 떼는 천연두와 결핵을 전파했다. 오늘날에는 사람들이 개와 60여 가지 질병을 공유한다. 돼지와 염소, 양, 소들과는 그보다 약간 더 적은 수의 병을 나눈다.

그리고 이런 전염은 여전히 진행 중이다. 여러 질병이 동물로부터 인간에게 끊임없이 전파되고 있다. 예를 들어 HIV는 유인원으로부터 시작되었고 20세기에 들어 인간에게 전파되기 시작했다. 또 1994년에는 헨드라(Hendra)라는 새로운 바이러스가 발견되었다. 이 바이러스의 창궐로 인해 열네 마리의 말들이 죽은 후의 일이었다. 그해 하반기에 2차 창궐이 일어났을 때는 두 마리의 말과 그 주인까지 모두 죽었다. 더 최근에는 조류독감이나 웨스트 나일(West Nile) 바이러스 같은 질병의 교차 감염이 나타났다.

† 굴뚝 청소부의 음경에만 생기는 성병이라니!

빅토리아 시대 런던에서 굴뚝 청소부라는 직업은 위험하고도 궂은 직업이었다. 그럼에도 어린이들이 이 노동에 자주 동원됐다. 어린이들이야말로 좁은 굴뚝 안팎으로 재빠르게 이동하는 데 최적이라고 본 것이다. 당시 굴뚝 청소부의 통상적인 이미지는 얼굴과 옷이 숯으로 뒤범벅이 된 어린 소년이었다. 하지만 실제 굴뚝 청소부들은 대개 옷을 벗고 일했다. 옷이 굴뚝 안에서 걸리거나 찢어지기 쉬워서 골칫덩이였기 때문이다. 굴뚝 청소부의 근로 조건 개선을 위한 법안은 1788년에 처음 통과되었다. 이 법은 굴뚝 청소부 한 명당 여섯 명 이상의 수련생을 두지 못하도록 규정했으며, 수련생은 적어도 8살이 넘어야 했다. 겨우 8살 이상의 어린이를 그렇게 위험한 육체노동에 허용해놓고는 뚜렷한 인도적인 발전이라 여기는 사회라니! 이것이 지금으로부터 기껏해야 몇 세대 전이라는 사실이 놀랍지 않은가.

놀라울 일도 아니지만, 숯과 검댕으로 가득한 굴뚝에서 며칠이나 갇혀 일하다 보니 이런저런 건강상의 문제가 발생했다. 그중 하나가 '검댕 사마귀(soot warts)'라 불리는 질환이었다. 이 사마귀는 음낭에 나타나는 검은색 염증이었는데, 이내 몸의 다른 부위로 퍼져나갔다. 이렇다 할 치료법도 없어서 환자들의 음낭을 제거해야 하는 일까지 심심찮게 생겼다. 그런데 이런 제거 수술은 감염이나 심지어 사망까지 초래했다. 당시에 검댕 사마귀는 매독의 일종인 성병으로 여겨졌다. 하지만 1775년에 영국의 유명 외과의 퍼시벌 포트(Percivall Pott)는 굴뚝 청소부들에게 유난히 잦았던 이 검댕 사마귀가 사실은 암이라는 것을 확인했다. 바로 발암물질인 숯에 노출됨으로써 생긴 병이었던 것이다.

이는 굴뚝 청소뿐만 아니라 의학 전반에 있어서 중대한 발견이었다. 암이 외적인 요인과 연관되어 있다는 사실을 명확히 밝힌 첫 사례였기 때문이다. 포트의 발견 전에는 암이 검은 담즙의 과다로 인한 전신성(全身性) 질병이라고 믿었다. 하지만 포트의 업적으로 인해 굴뚝 청소 작업의 규제 및 작업 환경 개선을 위한 노력이 점차 늘어났다. 물론 이후 100년간이나 어린이들이 굴뚝 청소에 동원되기는 했지만.

오늘날에도 많은 굴뚝 청소부들이 활발히 일하고 있다. 물론 요즘에는 직접 굴뚝 안을 오르내리는 일은 거의 없다. 더욱이 옷을 벗고 일하는 건 까마득한 옛이야기에 불과하다. 요즘 같으면 자신들을 '굴뚝 청소부'가 아니라 '굴뚝 기술자'라 부를 공산이 더 크다. 이들은 단순히 굴뚝을 청소하고, 막힌 곳을 뚫는 일 이상의 서비스를 제공한다. 그러니까, 굴뚝 꼭대기에 통풍관을 세우고, 줄눈을 다시 칠한다든지, 벽난로 수리, 통풍관 위에 새집 얹기 작업 등을 한다. 게다가 오랜 전통에 따르면 결혼식 날 굴뚝 청소부가 신부와 악수를 하거나 손으로 키스를 날려 보내면, 신부에게 행운이 깃든다고 한다. 그래서인지, 오로지 이런 서비스를 제공하려고 자원하는 굴뚝 청소부도 많다.

✝ 런던 대화재가 정말로 흑사병을 멸종시켰을까?

지금까지의 정설을 따르자면, 흑사병을 멸종시킨 것은 1666년의 런던 대화재(Great Fire of London)였다. 14세기 중반부터 런던에는 세대마다 한 번씩 흑사병이 창궐하곤 했지만, 런던 대화재 이후로 더는 심각한 흑사병의 창궐이 없었기 때문일까. 흑사병은 예르시니아 페스티스(Yersinia pestis)라는 박테리아가 원인이며, 이 박테리아가 벼룩이나 쥐를 통해 전파된다고 알려져 있다. 따라서 이론상으로는 런던 대화재가 런던에 사는 벼룩과 쥐, 그리고 이 감염원이 들끓는 더러운 목조 건물을 없애서 자연히 흑사병도 함께 멸종했다는 것이다. 실제로 그 이후 런던에는 흑사병이 돌지 않았다.

그러나 이 이론을 의심하게 만드는 몇 가지 이유가 있다. 먼저 런던 대화재가 생겼을 즈음 대부분의 유럽 도시들에서는 이미 흑사병이 자취를 감춰갔다는 것이다. 런던 대화재 같은 대형 화재가 없던 곳에서도 말이다. 이는 당시 흑사병이 그 힘을 잃어가고 있었을 거라는 얘기가 된다. 아마도 흑사병이 나타날 때마다 생존자들과 그 자손의 면역력이 향상했을 가능성이 있다. 흑사병이 새로이 퍼질 때마다 생존율이 이전보다 조금씩 더 높아졌음을 보여주는 증거도 실제로 있으니까.

또 다른 문제는 바로 런던 대화재가 비교적 작고 고립된 중심부인 '시티 오브 런던'에만 영향을 미쳤다는 점이다. 좀 더 빈곤했던 런던 교외 지역으로까지는 불길이 번지지 않았다. 당시 시티 오브 런던에는 런던 전체 인구의 6분의 1 정도만 거주하고 있었다. 그 외 인구는 모두 교외 지역에 산 것이다. 하지만 흑사병의 경우는 교외 지역에서 가장 극성을 부렸다. 1665년의 런던 대역병 때는 대부분의 사망자가 런던 교외에서 생겼다. 따라서 흑사병은 런던보다 교외에 타격을 입혔고, 대화재는 교외가 아닌 시티 오브 런던을 덮친 것이다. 그러니 어떻게 런던시의 대화재가 교외의 흑사병을 멸종시켰는지, 의아할 수밖에 없다.

대화재를 둘러싼 정설에 대한 마지막 의문은 화재가 번지는 속도가 실제로는 상당히 느렸다는 것이다. 화재는 5일 만에야 진화됐는데 초기에는 꽤 잘 진압되었다. 그래서 당시의 런던 시장이 화재를 대수롭지 않게 여기며 이런 말을 남겼다고 한다. "한 명의 여자가 오줌을 싸서도 끌 수 있을 정도군." 물론 이 말은 나중에 당연히 비난을 받았다. 어쨌든 그 정도로 초기 화재의 성장 속도는 상당히 느린 편이었다. 처음 며칠 동안 사람들은 성벽으로 둘러싸인 시티 오브 런던을 떠날 생각조차 않았다. 그저 집을 비우고 간단한 짐만 챙겨서 좀 더 안전한 곳으로 대피했을 뿐이었다. 당시의 관료였던 새뮤얼 페피스(Samuel Pepys)의 기록에 따르면, 그는 치즈를 안전하게 보관하려고 정원에 묻을 여유까지 있었다. 그러니 아마도 런던시의 수많은 쥐와 벼룩도 느린 화재 속에서 충분히 도망칠 여유가 있지 않았을까? 그러니까 이 불로 그처럼 많은 수의 해충들이 죽었을 가능성은 그리 크지 않다는 뜻이다.

한편 런던 대화재를 둘러싼 끊이지 않는 한 가지 후문도 의심스럽다. 바로 대화재로 인해 죽은 사람은 그리 많지 않다는 풍문인데, 이 역시 의심스럽긴 마찬가지다. 물론 공식 기록으로는 죽은 이의 숫자가 겨우 5~6명 정도다. 하지만 당시에는 하층민들의 사망은 잘 기록되지 않는 경향이 있었다. 또 대화재 동안 분노한 폭도들의 난동으로 외국인들이 피해를 보는 일도 있었다. 가톨릭교의 농간으로 화재가 일어났다고 믿었기 때문이었다. 하지만 이에 연루된 사망은 어디에도 기록돼 있지 않다.

런던 대화재 때 폭풍처럼 번진 화염은 유례없이 높은 온도로 치솟았다. 도시의 골목이 좁아터진 데다가, 돌출된 방파제와 여러 목조 건물들 때문이었고, 더욱이 쌓아놓은 화약, 연료, 타르, 그리고 다른 가연성 물질들까지 여기 가세했다. 불길이 너무 뜨거워져 부두에 널브려져 있던 수입 철강재 더미가 녹아버릴 정도였다. 도시의 성문에 달린 쇠사슬과 자물쇠 등도 힘없이 녹아내렸다. 불길이 너무 뜨거워서 철강과 철을 녹일 정도니, 아마도 도시에 남아 있던 사람들이 있었다면 한 줌 수증기로 변했을 것이다. 그래서 아무런 유골이나 유해가 발견되지 않은 건지도 모른다.

이처럼 대화재는 갇혀있던 사람들을 산채로 불지옥에 빠뜨렸다. 하지만 간접적인 다른 이유로도 사람들은 사망에 이르렀을 수 있다. 많은 이들이 집을 잃고 비위생적이고 위험한 피난민 숙소에서 지내야 했다. 게다가 많은 이들이 매캐한 연기를 마신 데다 굶주림, 저체온증과 화상으로 고통받았을 것이다. 그 결과 대화재 후 며칠에서 몇 개월에 이르기까지 상당수의 노약자와 어린이가 목숨을 잃었을 것이다. 대화재의 주요 목격자 중 한 명인 작가 존 에블린(John Evelyn)은 "몇몇 불쌍한 이들의 몸에서 풍기는 악취"라는 묘사를 했다. 여기서 말하는 '몸'이 시체를 뜻하는지는 확실치 않지만, 충분히 가능한 일이다. 한 추정치에 따르면 대화재가 아마도 수백 명, 아니, 심지어 수천 명의 기록되지 않은 사망자를 냈을 거라고 한다.

† 왜 천연두를 약병에 넣어 보관할까?

천연두의 박멸은 의학의 가장 위대한 승리 중 하나로 여겨진다. 천연두는 고대부터 인류를 끈질기게 괴롭혀온 질병으로, 감염된 환자들의 30~35%를 사망에 이르게 했다. 완전한 치료법도 개발하지 못했다. 천연두는 20세기에만 3~5억 명의 사망자를 만들었다. 가깝게는 1967년에도 약 1,500만 명이 천연두에 걸렸으며 그중 200만 명이 목숨을 잃었다. 마지막 천연두 전염은 1975년 방글라데시에서 발생했으나 재빨리 통제되었다. 1978년에는 영국 버밍엄 대학에서 마지막 천연두 환자 두 명이 발생했지만, 이는 실험실에서의 실수로 인한 것이라고 한다. 1979년 세계보건기구(WHO)는 마침내 천연두가 완전히 박멸되었음을 공식 선언했다.

하지만 '박멸'은 우리가 생각하는 그런 의미가 아닐지 모른다. 세상에 천연두가 존재하지 않는다는 의미가 아니라 그 보균자가 더는 존재하지 않는다는 뜻이기 때문이다. 천연두는 인간만 걸리는 질환이므로, 감염된 동물이 존재할 리도 없다. 오늘날에도 미국 조지아주 애틀랜타에 있는 질병통제예방센터 연구실과 러시아의 콜초보에 있는 국립바이러스연구센터 연구실에는 유리 약병에 담아 보관한 천연두 병원균이 있다.

아주 최근까지도 이 천연두 표본을 폐기해야 한다는 국제적 합의가 있었다. 재앙의 씨를 없애자는 의도였다. 미국의 빌 클린턴 대통령은 마지막 남은 천연두 표본을 없애자는 세계보건기구의 건의에 서명까지 했다. 하지만 조지 W. 부시 대통령 정권에서 미국은 태도를 바꿨다. 천연두가 생물학 테러에 악용될 수 있다는 우려 때문이었다. 당시에 반테러 전문가들은 중국, 이란, 이스라엘, 북한, 세르비아, 파키스탄 등의 불안정한 나라에서 이 천연두 샘플을 손에 넣을 수 있다고 확신했다. 또 상당히 최근에는 러시아에서 생물학적 무기로 쓰기 위해 20톤의 천연두 바이러스를 생산했다는 신빙성 있는 보고서도 나온 적도 있다. 이 생산된 바이러스들이 어떻게 됐는지는 정확히 알려진 바는 없다.

따라서 오늘날의 미국은 과거 150년 동안보다 어쩌면 천연두에 훨씬 더 취약한 상황에 놓여 있는지도 모른다. 현재 천연두 백신의 재고는 적은 편이며, 그나마도 질이 점점 떨어지거나 전혀 효과가 없을 가능성이 있다. 미국은 1972년에 사람들에게 일상적인 천연두 접종을 중지했다. 따라서 이후 출생자들부터는 천연두 백신을 접종한 이들이 거의 없다. 게다가 그보다 나이든 이들의 천연두에 대한 면역력도 떨어졌을 수 있다. 면역력이 얼마나 오래가는지는 확실치 않기 때문이다. 따라서 마지막 남은 천연두 표본을 없애기보다 보유하자는 계획을 세웠다. 동시에 천연두에 대한 더 효과적인 백신을 개발하고, 항바이러스 약품으로 실제로 천연두를 치료하는 연구도 하고 있다.

✝ '임금님들의 병'이 무얼 가리키는 거지?

정답은 통풍(痛風, gout)이다. '통풍'이라고 하면 기름진 음식이나 술이 떠오르기 때문인지, 이는 전통적으로 부유층과 특권층의 병으로 여겨져 왔다. 통풍은 체내 혈액에 요산(尿酸)이 과다 축적되어 발생하는 고통스러운 질병이다. 요산은 결정체가 되어 관절과 힘줄, 그리고 이를 둘러싼 피부조직에 달라붙는다. 그리하여 건드리기만 해도 고통스러운 붉은 부기가 주로 엄지발가락 주위로 생기는 것이다. 통풍은 기름기가 좌르르 흐르는 부유층과 연관됐기 때문에, 산업화 시대 신문의 풍자만화에 통풍 환자가 나왔다 하면, 배가 볼록 나오고 얼굴 불그레한 신사가 붕대 감은 아픈 발로 절뚝거리는 모습으로 묘사되기 일쑤였다.

통풍은 특히 포트 와인을 주기적으로 마신 결과라고 오랫동안 간주되어왔다. 통풍이 기승을 부렸기 때문에 런던의 펠 맬(Pall Mall)에 있는 남성 사교 클럽들은 아예 술 장식이 달린 조그만 벨벳 의자들을 갖추어 놓고 있었다. 통풍 환자들이 고통스러운 발가락들을 올려놓아 조금이라도 고통을 해소하라는 의도였다.

하지만 기이하게도, 최근에는 포트 와인을 마시는 것이 오히려 통풍에 걸릴 가능성을 줄여준다는 연구결과가 있었다. 통풍이 오히려 맥주 때문에 생길 가능성이 훨씬 더 크다는 것이었다. 그뿐만이 아니다. 상류층 사람들만 통풍에 걸린 것도 아니다. 최근 과학자들이 밝힌 바에 의하면, 공룡의 왕이라 일컬어지는 티라노사우르스 렉스조차 통풍으로 고생했다고 한다.

수상한 진단

낙관적인 거짓말에 얼마나 엄청난 치료 효과가 있는지 아는가,

능청스레 그런 거짓말도 못하는 의사들은 직업을 잘못 택한 것!

— 조지 버나드 쇼(George Bernard Shaw)

✝ '간으로 점을' 본다고?

간肝으로 점을 본다는 의미의 hepatomancy는 hepatoscopy라고도 불리는데, 지금의 이라크인 고대 메소포타미아에서 만들어진 의료 시스템이다. 간으로 어떻게 점을 보는 걸까? 먼저 환자가 의사에게 진단을 받는데, 이때 의사가 환자를 직접 진찰하는 게 아니라, 바로 이 목적으로 바쳐진 죽은 동물의 간을 들여다보고 판단한다.

당시 사람들에게 간이란 우리 피의 원천이었으며, 따라서 생명의 원천 그 자체였다. 그들은 이 논리를 따라서 제물로 바쳐진 양의 간을 관찰하면 신의 뜻도 알아낼 수 있다고 믿었던 모양이다. 지금의 우리에겐 어처구니없게 들릴지도 모르고, 또 그렇게 들리는 게 무리도 아니다. 하지만 당시 사람들은 간의 부위 하나하나가 신의 특정한 뜻과 부합한다고 믿었다. 게다가 양의 간을 본뜬 점토 모형도 발견되었는데, 아마도 의사들이 신의 뜻을 해석해 진단을 내리기 위한 도구였으리라고 추정된다. 이 모형들은 기원전 2050년까지 거슬러 올라가는 것으로 알려졌다.

† 인간의 네 기질 가운데 '우울'이 특별한 이유는?

히포크라테스 전집은 사람들의 건강이 몸 안의 네 가지 체액(體液, fluid)에 달려 있다고 주장하면서, 이 체액 종류를 네 개의 기질(氣質, humours)이라 부른다. 신체 건강의 모든 측면을 바로 이 네 기질 간의 균형으로 설명할 수 있다는 것이다. '혈액', '점액', '황담즙', '흑담즙'이 이 네 가지 기질이다. 흑담즙은 특히 '우울(melancholy)'이라고도 한다. 어쨌든 이 네 기질은 신체 건강을 결정하는 데 중대한 개별적 역할을 한다. 혈액은 힘과 활력의 원천이며, 담즙은 소화에 필요한 위액이다. 점액은 윤활과 냉각의 작용을 담당하는 것으로 본다. 마지막으로 흑담즙은 피나 대변이 검게 변하는 경우가 증명하는 것처럼, 다른 기질들을 검게 물들이는 역할을 한다.

히포크라테스는 이 네 기질이 복잡한 체내 신호와 관계 네트워크의 핵심이라 믿었다. 따라서 네 기질을 통해 사람들의 건강이나 성격의 모든 면이 설명 가능했다. 예를 들어, 각각의 기질은 그리스인들이 우주의 구성물질이라 믿었던 공기, 불, 물, 흙이라는 네 요소와 일대일로 연관된다. 즉, 혈액은 공기처럼 뜨겁고 격동적이다. 또, 황담즙은 뜨겁고도 건조하여 불과 연관된다. 점액은 물과 이어지고, 흑담즙은 마치 흙처럼 차갑고 건조하다.

이러한 유추가 점점 확대되어 네 가지 기질은 점성술, 사계절, 그리고 인간의 다양한 성격 타입과 연관 지어졌다. 가령 점액은 차갑고 축축하다고 해서 겨울과 연관이 된다. 겨울은 사람들이 오한 및 감기에 걸리는 계절이지 않은가. 황담즙이 너무 많은 이들이 게으르고 낙천적인 점액질의 성격을 띠는가 하면, 혈액이 넘쳐나는 다혈질의 사람들은 발랄하고 자신감이 넘치며 원기 왕성하다고 보았다.

그런데 우울, 즉, 흑담즙이 특별한 이유는 뭘까? 실제로 존재하지 않는 체액은 오로지 '우울'뿐이라는 것이 그 답이다. 우리의 몸은 실제로 혈액과 점액, 황담즙으로 이루어진다. 그래서 히포크라테스가 있던 시기나 지금이나, 의사들은 이 세 종류의 체액을 쉽게 관찰할 수 있다. 하지만 그리스인들은 왜 혈액이나 대소변이 검게 변할 때가 있는지, 혹은 왜 어떤 사람들은 유달리 피부색이 검은지, 전혀 이해할 수가 없었다. 그래서 틀림없이 무언가 아직은 발견되지 않은 체액 때문이라고 가정해, 이런 현상은 흑담즙 또는 '우울'이라고 하는 미상의 물질 탓이라고 한 것이다.

✝ '칭찬받을 만한' 고름이라니?

박테리아에 의한 감염이 제대로 이해되기 전에는 수술한 자리가 거의 모두 감염되었다. 그 결과, 수술 자리에서 '화농(化膿, suppuration)'이라는 이름으로 알려진 크림 같은 노란 고름이 나오는지, 아니면 가느다란 물방울 같은 것이 나오는지, 그 둘을 가려내는 것이 중요했던 것 같다. 로마의 위대한 의사였던 갈레노스의 시대 이후 의사들은 바로 이 화농이 치유에 필수불가결의 요소라고 믿었다. 체내에서 빼내야 할 유독한 혈액으로부터 화농이 나오는 것이라 여겼기 때문이다. 이 관점은 앞서 살펴본 '세균 이론'의 등장 전, 1800년대 후반까지도 굳건했다. 이치에 맞는 듯했으니까. 화농이 나오는 상처는 치유까지 몇 개월씩이나 걸렸다. 하지만 의사들은 이런 상처가 있는 환자들이 고름이 나지 않는 상처가 있는 이들에 비해 생존율이 더 높은 것에 주목했다. 그러니 의사들이 화농이 건강에 좋은 거라 결론 낸 것도 어찌 보면 당연한 일이다.

그 결과 당시의 의사들은 상처 난 곳이나 수술 후에 발생한 상처를 감염시키라고 적극적으로 장려하게 되었다. 초기의 한 의학 지침은 의사들에게 '구할 수 있는 가장 기름진 양모를 구해서 아주 소량의 물에 적시고, 와인을 3분의 1 정도 더해 적당한 온도를 유지하고 끓일 것'을 권했다. 그러고 나서 이 양모를 상처에 집어넣으라는 것이었다. 심지어 암 환자의 수술 후에 상처가 아무는 데에도 이런 감염이 도움 된다는 믿음이 19세기 후반까지 퍼져 있었다.

그런가 하면, 여기서 한 수 더 떠 환부의 조직이 죽어버리는 괴저(壞疽, gangrene)를 권장한 의사들도 있었다. 스타니슬라스 탕슈(Stanislas Tanchou)라는 파리의 의사는 이렇게 주장했다. "괴저가 얼마나 숱한 치유의 원인이 되었는지, 참으로 놀랍지 않은가. 자연적으로 발생했든 의학적으로 유도했든, 괴저는 하나의 치료제로 봐도 좋을 것 같다." 하지만 사실은 달랐다. 괴저가 꾸준히 가져온 결과는 환자들의 팔다리를 절단하게 만든 것뿐이었으니까.

† 옛날 그림 속 의사들은 왜 플라스크를 들고 있을까?

인류 역사 초기의 의사들은 환자들의 소변을 관찰하고 병을 진단했다. 이러한 의술은 일찍부터 고대 이집트, 바빌로니아, 인도에서 이루어졌다. 소변을 이용한 이 진단법은 검뇨(檢尿) 혹은 요검사(尿檢查, uroscopy)라는 용어로도 알려져 있는데, 히포크라테스 의학의 핵심은 아니었다. 히포크라테스 의학에서는 환자를 관찰하거나 손으로 만져보는 진단에 더 의존했으니까. 그렇지만 요검사는 중세시대 유럽에서 널리 행해졌다. 중세 유럽의 그림에 등장하는 의사는 종종 크고 둥글납작한 플라스크를 밝은 불빛에 비춰들고 있는 경우가 많다. 하얀 가운과 청진기가 현대의 의사를 상징하는 것처럼 당대엔 플라스크가 의사라는 직업을 상징하는 도구였기 때문이다.

이러한 요검사는 매우 효과적이어서 환자들이 의사를 직접 방문할 필요도 없었다. 환자는 그저 병상에 누워서 소변 표본을 보내기만 하면 됐다. 그래서 의사는 가능한 한 소변의 여러 상태를 측정했다. 갓 나온 따뜻한 상태나 시간이 지나 차가워졌을 때, 농도가 달라진 상태도 측정했다는 것이다.

당시의 의사들은 꼼꼼하게 만든 컬러 차트(색상표)에다 소변의 색을 견주어봄으로써 신장 질환, 황달, 요로감염증 등의 다양한 질병들을 진단했다. 그런 다음 이렇게 관찰한 결과와 환자의 점성학 차트까지 함께 참고해 앞서 언급한 네 기질 중 어떤 기질이 불균형을 이루는지를 밝혔다. 그리고 이를 치료하는 처방을 내리는 것이다. 예컨대 두꺼운 소변 거품은 환자가 부종, 배앓이, 혹은 점액의 과다 증상을 앓는다는 신호일 수 있다든가, 검은 소변은 흑담즙의 과다로 인한 것일 수 있다는 식이었다. 하지만 관찰만으론 모든 질병을 진단

❋ 소변 플라스크를 들고 있는 중세시대의 의사.

할 수 없었다. 소변의 향과 맛의 측정도 병 진단에 유익했다. 예를 들자면 당뇨병은 환자의 소변을 달게 만들기 때문에 의사들은 의례적으로 환자들의 소변을 맛보았다. 정말 그 시절이야말로 의사들은 큰 돈을 벌 자격이 있었다.

물론 오늘날에는 환자의 소변으로 얻을 수 있는 정보가 매우 제한적이라는 것을 안다. 그래서 소변 검사가 병 진단의 주축을 이루지는 않는다. 하지만 여전히 의사들은 소변을 분석한다. 소변의 농도 및 산도(pH)를 측정하고 혈중 약물 성분은 없는지, 혈당을 포함한 혈액의 상태는 어떤지도 테스트한다. 또 혈중 지방, 담즙색소의 일종인 빌리루빈(bilirubin) 및 호르몬 상태 등도 확인한다. 중세의사들이 찾아내고자 했던 담석, 요로감염증, 당뇨 등의 질병들을 진단하는 데 이런 테스트들이 도움을 주는 것도 사실이다. 소변의 화학적 분석은 엄연한 한 학문 분야로 최근에 다시 주목을 받는 중이다. 그 학문에는 '대사체학(代謝體學, metabolomics)'이란 제법 고상한 이름도 붙어있다. 물론 요즘에는 환자의 소변을 맛보는 건 철 지난 유행이지만.

† '흑사병 의사'란?

흑사병은 14세기 내내 유럽 전역을 휩쓸었다. 유럽의 30~50%

의 인구가 흑사병에 희생될 정도였으니 인류 역사상 최악의 팬데믹 중 하나라 할 수 있다. 흑사병에는 세 가지 종류가 있었다. 첫 번째는 폐페스트 혹은 폐렴흑사병(pneumonic plague)으로 고열과 피가 섞인 가래가 특징이었다. 두 번째로 패혈증흑사병(septicemic plague)은 고열과 피부에 나타나는 보라색 반점 등이 특징이었다. 마지막으로 가장 흔했던 종류는 가래톳흑사병(bubonic plague)이다. 가래톳이란 림프선이 고름에 차 괴상하게 부어오르는 증상으로 사타구니와 목, 겨드랑이 등에 났다. 이 세 종류의 흑사병 모두 매우 치명적인 데다 전염성도 높았다. 세대가 바뀔 때마다 한 번씩 흑사병이 재발하는 일이 17세기까지 이어졌다. 앞서 살펴봤듯이 흑사병은 17세기 런던 대화재 시기 즈음에야 완전히 끝났다. 물론 대화재 때문은 아니었지만.

마을이나 도시에 흑사병이 발생하면 부자들은 그것이 오염된 공기 속 독기에 의해 퍼진다는 생각에 먼 곳으로 도망치곤 했다. 환자들에게 해줄 것은 아무것도 없다는 걸 잘 아는 의사들도 대부분 함께 달아났다. 그래서 흑사병이 발생한 지역에는 달아난 의사들을 대체할 '흑사병 의사'가 임명되곤 했다. 사실 의사라고 부를 수조차 없는 이 의사들의 임무는 그저 환자들의 집에 방문해 이들이 흑사병에 걸렸는지를 확인하는 것이었다. 만약에 정말 흑사병이라면 환자들이 사는 집을 봉쇄해서 아무도 들락거리지 못하게 했고, 집 문에는 빨간 십자가 표시가 새겨졌다. 사실 흑사병 의사는 자격증이 있는 의사들도 아니었지만, 그들은 높은 보수를 받았다. 자신이 흑사병에 걸리는 위험을 무릅쓴 데 대한 보상이었다.

흑사병 의사는 감염의 위험성을 최대한 낮추기 위해 일종의 보호복을 입었다. 그런데 이 보호복이 불길한 흑사병의 상징적인 이미지처럼 굳어져 버렸다. 보호복은 목까지 올라오는 긴 검정 코트였다. 이 긴 코트는 가죽 바지를 입은 발목까지 내려왔는데, 이때의 가죽 바지는 마치 어부들의 장화 같은 모양이었다. 이런 바지를 착용해 다리와 사타구니가 감염되는 걸 막고자 한 것이다. 또 챙이 넓은 모자도 썼는데, 이런 모자가 당시 의사들의 상징이었기 때문이다. 그러나 보호복 중에서 무엇보다 가장 독특했던 것은 바로 빨간 유리알로 만든 안대와 코가 길쭉이 나온 방독 마스크였다. 마스크의 코는 마치 새의 부리를 연상시켰다. 빨간 유리알은 악을 물리치기 위함이었고, 부리 모양은 이를 착용하는 의사를 독기로부터 보호하려는 것이었다.

흑사병 의사가 쓴 마스크의 새 부리 같은 끝부분은 대개 각종 허브 및 향료들로 채워졌다. 강한 향으로 오염된 공기를 이겨내기를 바란 것이다. 더 강력한 보호를 위해, 보호복 겉면에는 온통 쇠기름이나 밀랍을 발랐다. 마지막으로 흑사병 의사는 나무로 된 지팡이를 들고 다녔다. 아마 이 지팡이를 흔들어서 환자 가족들에게 의사표시

✷ 음산한 보호복을 착용한 흑사병 의사.

오싹한 의학의 세계사

를 했을 것이다. 밀랍이 발린 데다 부리 부분이 허브로 가득 찬 방독 마스크를 쓰고는 정상적인 대화가 불가능했을 테니까. 또 환자의 몸을 움직이는데도 이 지팡이를 썼을 것이다.

✝ 클로드 베르나르의 부인은 왜 남편을 떠났을까?

클로드 베르나르(Claude Bernard, 1813~1878년)는 당대 최고의 프랑스 의사로, 특히 생리학의 선구자로 여겨지는 의학사의 핵심 인물 중한 명이다. 그는 인체의 소화 과정에서 췌장이 하는 역할을 처음 발견했으며, 간에서 글리코겐이라는 물질이 만들어진다는 사실도 밝혀냈다. 그는 아직도 의학이 대개 미신이나 일화, 구전된 지혜 등에 의존하던 시기에, 과학의 엄격함과 실험적 방법을 의학에 적용하기 시작한 인물이었다. 1878년에 베르나르가 사망하자 나라에서는 국장을 치러주었고, 그는 그런 영예를 누린 첫 번째 프랑스 과학자가되었다.

베르나르는 의사 생활 내내 실험과 관찰의 중요성을 강조했다. 당시에는 논란의 가능성이 많은 접근법이었다. 특히 생체해부(vivisection)에 대한 그의 관점이 그랬다. 생체해부는 살아있는 동물을 대상으로 실험하는 것이었기에, 베르나르의 동시대인들은 실험의 잔인성에 관해 경악했다. 게다가 이런 실험들은 마취제도 없이 진행됐다. 물론 베르나르 역시 동물 실험이 무척 불쾌하다는 것을 인지하고 있었다. 하지만 그는 이런 실험으로부터 사람의 목숨을 구할 수 있는 정보, 무시하기에는 너무 중대한 정보를 얻는다고 믿었다. 그는 이렇게 적었다. "생명의 과학이란 화려한 불이 켜진 멋진 연회장과 같지만, 넓고 섬뜩한 주방을 거쳐야만 거기 닿을 수 있을 것이다." 그렇지만 그런 끔찍한 자행은 용납될 수 없다는 사람들도 여전히 많았다.

1845년에 베르나르는 파니(Fanny)라는 애칭으로 불린 프랑수와즈 마리 마르탱(Françoise Marie Martin)과 결혼했다. 파니는 유복한 집안 출신으로 베르나르는 더욱 의학에 매진할 수 있을 것처럼 보였다. 하지만 시간이 지나면서 파니는 베르나르의 생체실험에 역겨움을 느끼게 됐다. 이들의 딸도 마찬가지였다. 그리하여 1869년 베르나르 부부는 정식으로 이혼했다. 파니는 베르나르의 동물에 대한 잔인성이 결혼을 파국으로 몰고 간 주요 원인이라고 밝혔다. 심지어 베르나르가 의학에 계속 몰두하는 동안, 파니는 동물에 대한 생체실험을 반대하는 캠페인을 요란하게 펼치기까지 했다.

† 왜 빅토리아 여왕의 탈장은 진단받지 못했을까?

제임스 리드(James Reid)가 영국 빅토리아 여왕의 주치의가 된 것은 1881년이었다. 당시 빅토리아 여왕은 62세로 조금 과체중이었지만 전반적으로 건강했다. 하지만 빅토리아 여왕은 자신의 건강상태에 민감해서 리드와 빅토리아 여왕은 긴밀한 관계를 유지해야만 했다. 여왕은 하루에 여섯 번씩이나 리드를 불러들여 자신의 건강상태에 대해 세세한 보고를 하도록 지시했다. 어떤 때는 여왕이 리드에게 휴가에서 빨리 돌아오라는 독촉까지 했다. 리드가 신혼여행을 즐기는 중에도 여왕은 그에게 메모를 보내 '내 창자가 너무 과하게 움직이는 것 같다'는 중대한 뉴스를 전했다. 빅토리아 여왕이 필요할 때마다 리드를 어찌나 시도 때도 없이 불러댔던지, 리드는 심지어 결혼 후에도 아내와 함께 살 수 없었다. 여왕이 세상을 떠났을 때, 리드에게는 극도로 은밀하고 민감한 임무가 떨어졌다. 여왕의 은밀한 친구였던 사냥터지기 존 브라운(John Brown)의 머리카락 한 줌을 그의 사진과 함께 죽은 여왕의 손에 들려주는 임무였다. 여왕과 리드가 무척이나 가깝고도 신뢰하는 사이였음은 아주 분명해 보인다.

그런데 빅토리아 여왕이 1901년에 사망하고 리드가 그녀의 시체를 검사했더니, 여왕이 탈장(脫腸, hernia)을 겪고 있었으며 자궁탈출증(脫出症, prolapsed uterus)도 심한 상태였음이 드러났다. 이 두 가지 병은 모두 진단된 적도 없었다. 그 병들을 리드가 왜 일찍이 진단하지 못했을까? 왕실의 예의범절 상 여왕이 옷을 벗은 상태로 진찰받는 것은 금기였기 때문이다. 리드는 절대로 여왕의 가슴에 청진기를 댈

수 없었다. 게다가 여왕이 사망하기 6일 전까지 리드는 여왕이 침대에 누워있는 것조차 볼 수 없었다.

이렇게까지 고지식하게 점잔을 빼는 것은 참으로 어처구니없는 왕실의 의전 때문이라고 생각할지 모른다. 하지만 실제로 당시의 일반적인 의사들이 치료할 때도 이런 상황은 정말로 다반사였다. 그것도 수 세기 동안이나 그래왔다. 예를 들자면 갈레노스는 환자의 손목을 잡고 진맥할 것을 권유했다. 옷을 벗을 필요가 전혀 없기 때문이었다. 중세시대에도 내내 의사들은 갈수록 환자와의 물리적인 접촉을 꺼리게 되었던 것 같다. 18세기 의학계를 이끈 저명한 독일 의사 요하네스 슈토히(Johannes Storch)도 마찬가지여서, 널리 논문을 발표할 정도로 유명했으나 자신의 환자들은 거의 만나지 않았다. 대신 그는 대부분의 진단 및 치료를 서신과 대리인을 통해 진행했다. 1890년대에 이르기까지도 미국의 일부 주치의들에게는 환자의 맥박을 재거나 혀를 관찰하는 정도가 가장 밀접한 의료행위였다고 한다.

† 바보와 등신의 차이는 뭘까?

간단하게 말해 바보와 등신의 차이는 'IQ 25점'만큼이다. 적어도 예전에는 이게 정답이었다. 하지만 오늘날에는 바보든 등신이든 사실상 같은 의미로 쓰인다. 둘 다 비하와 모욕의 의미로 단순히 '지능이 떨어지는 사람'을 뜻하게 됐다. 하지만 이 말들이 항상 그렇게 모욕적으로 쓰인 건 아니었다. 미국의 첫 IQ 검사에서는 바보나 등신이나 천치 따위는 비하가 아닌, 중립적인 용어로 쓰였다. 각각 또렷한 특정의 의미도 있었다. 우선, 바보는 IQ가 51~70 사이의 성인을 일컫는다. 또 등신은 좀 더 낮은 IQ 26~50 사이의 성인이다. 마지막으로 천치는 셋 중에서 가장 지능이 낮은 IQ 0~25 사이의 성인을 의미한다.

최초의 IQ 검사는 실용적인 특정 목적을 위해 고안되었다. 프랑스의 두 심리학자 알프레드 비네(Alfred Binet)와 테오도르 시몽(Theodore Simon)이 개발해서 '비네—시몽 검사(Binet—Simon scale)'라고도 부른다. IQ 체계는 점진적으로 난도가 높아지는 30개의 과제로 구성된다. 가장 단순한 과제는 검사 대상자인 어린이에게 시험관과 악수를 하라거나, 불붙은 성냥의 움직임을 눈으로 따라가라는 것 등이다. 가장 어려운 과제는 무작위의 일곱 단위 숫자 여러 개를 외우기 등을 포함한다. 심지어 어떤 프랑스어 단어에 담긴 세 가지 운율을 찾는 과제도 있었다. 물론 초기 검사 대상자인 어린이들이 그랬던 것처럼, 프랑스인이라면 이 과제를 훨씬 쉽게 수행할 수 있었을 터이다. 모든 과제는 각 연령대 어린이의 평균 능력치를 관찰하고, 이를 바탕으로 제작되었다. 바로 여기서 어린이들의 실제 나이와 또렷이 구분되는 '정신연령(mental age)'이라는 개념도 생겨났다.

앞서 언급한 대로 IQ 체계의 목적은 순전히 실용적이었다. 어떤 어린이들이 특수 교육의 필요성이 있는지를 측정하고, 개별교육을 받을 수 있도록 공정하고 일관된 수단을 마련하는 것이었다. 당시 학교 교사들은 골칫거리이긴 해도 발달 장애가 있는 것은 아닌 아이들을 일부러 골라내 추방한다는 의심을 받고 있었다. 비네—시몽 검사는 이러한 문제를 고치려고 고안된 것이었다.

물론 비네는 IQ 체계의 한계를 인정하는 신중함을 보였다. 그는 지능이 고유하거나 고정된 것이 아니라고 믿었다. 오히려 유동적이고 복잡한 것이라고 보았다. 그는 이렇게 적었다.

"우리는 길이나 부피를 잴 수 있다. 그러나 그런 식으로 지능적인 소질을 측정할 수는 없다. 나는 그렇게 믿는다. 따라서 연구 대상자가 일곱 자리의 숫자를 딱 한 번 듣고서 외웠다면 그의 숫자 기억력은 같은 조건에서 여덟 자리의 숫자를 외운 사람 밑으로, 그리고 여섯 자리를 외운 사람 위로 분류할 수 있다. 이것은 측정이 아닌 분류다. 우리는 측정하는 게 아니라 분류하려는 것이다."

하지만 이 IQ 시스템이 미국에 도착하자, 다른 목적을 지닌 단체들에 의해 사용되기 시작했다. 비네의 체계를 처음으로 해석한 것은 미국의 유명 심리학자였던 헨리 고다드(Henry H. Goddard)다. 우생학자이기도 했던 고다드는 지적으로 가장 우수한 사람들이 사회를 조직하고 조정해야 한다고 믿었다. 반면, 가장 지능이 낮은 이들은 시설에 입소하거나 불임수술을 받아야 한다고 주장했다. 고다드는 곧 비네-시몽 검사를 바탕으로 자신만의 IQ 검사를 개발했는데, 여기서는 성인 대상자들을 gifted(IQ 130 이상), normal(IQ 71~129), moron(51~70), imbecile(26~50), idiot(0~25)이란 다섯 범주로 분류했다.

물론 고다드의 이론을 비난할 만한 소지는 많겠지만, 위의 각 범주를 지칭한 용어 때문에 그를 비난할 일은 아니다. 당시에는 moron이나 imbecile이 비하적인 단어가 아니었으니까 말이다. 사실 바보라는 의미의 'moron'이란 단어는 존재하지도 않았다. 1912년에서야 고다드가 '둔하다'는 의미의 그리스 단어 'moros'로부터 이 단어를 만들어낸 것이다. 이런 단어들이 모욕적인 뜻을 가지게 된 것도 IQ 검사가 흔해지고 널리 알려졌기 때문이었다.

이러한 의미가 바뀌는 것은 '완곡어법의 쳇바퀴(euphemism treadmill)'라는 흥미로운 개념을 보여주는 한 예다. 처음에는 사람들이 부정적으로 보는 무언가를 가리킬 뿐 모욕할 의도는 없었던 단어가 점차 남을 비하하고 금기하는 의미를 얻게 되는 현상이다. '바보'도 1912년에는 분명 모욕적인 단어가 아니었다. 하지만 1960년대에 이르러 그 뜻이 변해버린 것이다. 그리하여 심리학자들은 새롭고

'정치적으로 올바른(politically correct)' 용어를 쓰기 시작해, 낮은 지능의 범주를 좀 더 계몽적인 단어인 '지연' 혹은 '지체'로 일컫게 된 것이다. 그리고 이 집단을 다시 '가벼운(mild)', '중도의(moderate)', '심각한(severe)', '엄청난(profound)' 등으로 세분했다. 그러나 여러분도 이미 눈치챘을 테지만, 지연이나 지체도 시간이 지나면서 모욕적인 용어로 변질했다. 그 뒤에 등장한 정치적으로 올바른 용어인 '지적 장애(mentally handicapped)'도 똑같은 변천을 겪었다.

그럼, 낮은 지능을 일컫는 오늘날의 적절한 표현은 뭘까. 그런 사람에게 '특수 교육의 필요성이 있다,' 혹은 '학습 장애가 있다'고 말하는 것이다. 이러한 언어의 구축은 '사람들을 그들의 상태로 정의해서는 안 되며, '차이'를 무조건 장애로 인식해서도 안 된다'는 현대의 관점과도 일맥상통한다. 그러므로 지금은 누구누구가 어떤 필요나 어려움을 '가지고' 있다고 표현할 뿐, 그가 부족함이나 어려움 '자체라고' 말하지는 않는다. 하지만 이처럼 민감 사항에 대한 중립적이고 모욕적이지 않은 용어를 고안하려 아무리 노력해도, 시간이 흐르면서 그 용어가 점차 비하로 변질할 가능성은 언제든 있다.

† '랜싯'이란 무엇일까?

흔히들 '란셋'이라 잘못 표기하는 랜싯(lancet)은 사혈에 쓰이는 의료기구다. 히포크라테스의 시대부터 19세기에 이르기까지, 질병은 앞서 살펴본 네 가지 기질 사이의 불균형이 원인이라는 게 전반적인 믿음이었다. 따라서 의사들이 주로 쓰는 의료도구나 방법도 크게 변한 것이 없었다. 그중 한 가지 대표적인 수단이 바로 '제거(purging)'다. 환자에게 땀을 흘리게 하거나, 구토 및 관장을 하도록 유도하는 것인데, 그중에서도 가장 흔한 제거법이 사혈이었다. 인류 역사를 통틀어 너무도 오랫동안 너무도 핵심적인 의술이 사혈이었던지라, 가장 선도적인 의학 저널에도 랜싯이라는 이름이 붙을 정도였다. 물론 오늘날에도 이 잡지 〈랜싯(The Lancet)〉은 꾸준히 출간되고 있다.

랜싯에는 여러 종류가 있다. 스프링이 달린 랜싯, 엄지 손가락형 랜싯, 정맥 절단용 랜싯, 난절도(亂切刀, scarificator) 등이다. 이 모든 종류의 랜싯에는 근본적으로 여러 개의 작은 날이나 스파이크가 장착돼있다. 이런 날을 이용해 정맥이나 동맥을 찌르는 것이다. 랜싯 이외에도 사혈에 쓰이는 다양한 기구가 여럿 있다. 일부 의사들은 '불부항(fire cupping)'을 이용했다. 작은 컵을 데운 뒤 피부의 절개 부위에 올려놓음으로써 컵 안에 진공 상태를 만들어 피를 뽑아내는 것이다. 또 과거에는 사혈에 거머리를 많이 이용했다. 프랑스에서는 수백만 마리의 거머리를 포획해서 수출하는 바람에, 거머리가 거의 멸종 직전까지 가기도 했다.

의사들은 거의 모든 질병에 대해 사혈을 권유했다. 당시에는 간에서 생성된 혈액이 체내에 쌓이며 점차 그 흐름이 정체된다고 믿었다. 따라서 혈액의 상실은 대부분 좋은 것으로 해석됐다. 코피, 하지정맥류, 치질 등이 모두 권장됐다. 과도한 혈액의 제거에 도움이 된다고 본 것이다. 심지어 환자들은 기절할 때까지 피를 흘려야만 했다. 만약 기절하지 않는다면, 피를 제대로 뽑지 않았다는 증거로 여길 정도였다.

그 목적이 특히나 어이없는 사혈도 있었다. 갈레노스의 과다출혈 환자에 대한 치료법은 뭐였을까? 다름 아닌 사혈이었다. 환자들은 어떠한 외과 절차에 들어가기 전에 사혈을 받았다. 예를 들자면 출산 직전의 산모도 사혈을 받아야 했다. 또 절단 수술 전에 의사는 팔이나 다리에 포함된 혈액의 양을 추정하고 사혈을 한 뒤에 절단에 들어갔다.

하지만 사혈은 장점보다는 단점이 많았다. 환자들이 목숨을 잃는 경우도 생겼다. 하지만 의학이 발전을 거듭하는 가운데서도 사혈에 대한 옹호와 시행은 이어졌다. 동시에 히포크라테스의 기질 이론은 점점 더 쓸모없는 것으로 변했다. 그러던 1628년 영국의 생리학자 윌리엄 하비(William Harvey)가 혈액은 체내에서 순환하는 것임을 밝힘으로써 당시의 사혈 논리를 부인했다. 하지만 사혈은 계속 행해졌다. 1830년에는 폐렴과 고열에 자주 쓰였던 사혈이 효과가 없다고 알려졌다. 그런데도 의사들은 강경하게 사혈을 계속했다. 1857년에는 영국의 생리학자 존 휴즈 베닛(John Hughes Bennett)이 사혈을 무無치료와 비교한 통계자료, 그리고 사혈을 플라세보 치료와 비교한 상세한 통계적 증거를 제시했다. 그의 결론은 전혀 치료하지 않은 편이 사혈보다 더 낫다는 것이었다. 하지만 그 후에도 사혈은 변함없이 계속되었다.

의학 지식이 발전할 때마다 사혈은 점점 케케묵은 의술처럼 보였지만, 그럼에도 사혈은 굳건히 이어졌다. 새로운 의학 지식이 빠르게 늘어나고는 있었지만 이렇다 할 새로운 치료법이 개발되지 않은 탓도 있었고, 의사들은 무언가 치료 방법을 제공해야 했기 때문이다. 한 의학사가는 18~19세기의 사회 발전에도 불구하고 1867년 영국의 외과의 조셉 리스터(Joseph Lister)가 소독법을 발견하기 전까지는 효과적인 치료법의 발전이 없었으며, 이런 점이 1923년까지 의학 교과서에서 여전히 사혈을 권유한 것을 설명한다고 추정했다.

물론 사혈이 부정적인 효과를 일으키는 경우도 많았지만, 일부 질환에서는 그 효과가 뛰어났다. 가령 옛날엔 수종병(水腫病, dropsy)으로 알려졌던 부종(浮腫, oedema)에 사혈의 효과는 탁월했다. 부종은 체내에 조직액이 고이는 현상으로, 잘못하면 심장과 폐에 심각한 문제를 초래할 수 있다. 요즘은 부종을 이뇨제와 혈관확장제로 치료하지만, 과거에는 부종을 치료하는 데 사혈이 매우 유용하게 쓰였다. 또 체내에서 적혈구가 너무 많이 생성되는 적혈구 증가증에도 효과가 좋아서 여전히 쓰이고 있다. 이외에도 사혈이 활발히 이용되는 병에는 효소 장애인 포르피린증 및 인체가 철분을 지나치게 많이 흡수하는 혈색소증(血色素症) 등이 있다.

† 초콜릿을 먹으면 여드름이 날까?

초콜릿이 여드름이 원인이라는 근거 없는 이야기는 끊임없이 돌고 있지만, 사실 이를 뒷받침하는 증거가 없다. 21번의 개별 관찰 연구와 6건의 임상 시험 결과를 결합한 최근의 메타 분석에서도 초콜릿 섭취와 여드름 사이의 연관성은 발견되지 않았다. 또 (물론 이 모든 연구결과가 영양가 있고 균형 잡힌 식단이 가져다주는 혜택을 부인하는 건 아니지만) 햄버거나 감자튀김, 피자 같은 기름진 음식도 여드름과 관련이 없었다. 그런데 이 연구가 여드름과 관련되었을 가능성이 크다고 밝혀낸 음식은 오히려 우유였고, 이와 함께 매우 곱게 정제된 밀로 만든 빵이나 시리얼같이 혈당지수가 높은 음식들도 지목되었다. 하지만 정작 초콜릿 자체는 혈당지수가 낮았다.

전반적으로 이러한 증거는 여드름의 원인이 식습관이 아니라 호르몬이라는 사실을 가리키고 있다. 청소년기 동안 우리 몸은 안드로겐(androgen)이라는 남성호르몬을 더 많이 생성하는데, 그 효과 중 하나가 피부기름샘(皮脂腺, sebaceous gland)을 자극하여 더 많은 피지를 생성하고 피지의 크기도 키우는 것이다. 여드름은 죽은 피부세포가 모낭을 막아서 막힌 곳을 중심으로 피지가 차올라서 생긴다. 청소년들의 96%가 어떤 식으로든 여드름이 난다. 또 성인이 돼도 여드름이 계속 나는 환자들도 적지 않다. 여드름이 나는 또 하나의 원인은 단순한 유전이다. 여드름에는 가족력이 있는 편인데, 자녀는 부모와 비슷한 피부 특성을 가질 확률이 높기 때문이다.

✝ 취임식 때 모자를 쓰지 않아 감기로 사망한 대통령?

윌리엄 해리슨(William Henry Harrison)은 여러 가지 이유로 주목할 만한 미국 대통령이다. 그는 1841년 대통령에 당선되었지만, 고작 32일 후에 사망하고 만다. 그리하여 재직 중에 사망한 첫 번째 대통령이 되었다. 그의 재위 기간은 기록상 가장 짧으며, 2위와도 꽤 차이가 있다. 그다음으로 짧은 기간 동안 집권한 대통령은 제임스 가필드(James A. Garfield)로 집권 후 199일 후에 암살당했다. 이외에 해리슨이 주목받을 만한 점은, 그가 역사상 가장 높은 비율의 일반투표로 당선된 대통령이었다는 사실이다. 물론 이때의 선거가 특히 투표율이 높았던 까닭도 있었겠지만.

해리슨은 당시 68세로 그때까지는 가장 나이가 많은 미국 대통령이기도 해서, 반대파는 그를 '할머니'라 부르며 놀려대곤 했다. 그래서인지 해리슨은 자신의 건강과 활력을 강조하기 위해(사실 그는 전쟁영웅 출신이기도 했으니까), 기록상 가장 긴 취임식 연설을 했다. 1841년 3월 4일의 연설은 모두 1시간 45분에 달했다. 그날은 무척 추웠고 아마 눈이 왔을지도 모른다. 하지만 이런 날씨에도 불구하고 해리슨은 모자나 외투 착용을 거부했다. 게다가 연설은 내내 실외에서 진행됐다. 결국, 해리슨은 3월 26일 감기에 걸려 쓰러졌고, 4월 4일에 폐렴으로 사망했다.

추운 바깥에서 긴 연설을 한 것이 해리슨의 사망원인으로 추측되어왔다. 하지만 이 추측은 말할 것도 없이 틀려먹었다. 왜냐면 해리슨이 감기에 걸려 드러누운 것은 취임식으로부터 3주나 지난 3월 26일이었기 때문이다. 따라서 그는 취임식 당일 감기에 걸렸을 리가 없다. 감기 증상은 일반적으로 감염된 지 2~5일 안에 나타나니까 말이다.

게다가 해리슨이 감기에 걸린 원인도 추운 날씨였다고 할 수 없다. 일반적 통념과는 달리 감기란 추워서 걸리는 게 아니라 바이러스로 인해 걸리기 때문이다. 게다가 감기 바이러스의 종류는 200가지도 넘는다. 물론 사람들이 겨울에 감기에 더 많이 걸리는 것은 사실이다. 하지만 그건 추울 때 나돌아다녀서가 아니다. 오히려 우리가 겨울에 감기에 더 많이 걸리는 이유는 실내에서 창문을 닫고 난방을 켜 놓은 채로 사람들과 옹기종기 모여 있어서다. 겨울에는 사람들이 서로 더 다닥다닥 붙어있어서 감기가 더 쉽게 전파되는 것이다. 환기가 원활하지 않은 집은 바이러스가 활발히 활동하는 이상적인 환경이다. 물론 이런 사실이 해리슨 대통령에게 무슨 위로가 되겠는가만, 적어도 그의 죽음이 그가 모자를 쓰지 않았던 탓은 아닌 게 밝혀진 셈이다.

신기한 치료법

대저 약이란 것이 당최 쓸모없다는 것을 아는 그는 최고의 의사다.

— 벤저민 프랭클린(Benjamin Franklin)

✝ 왜 복싱선수들은 자기 오줌을 마실까?

2009년에 복싱선수 후안 마누엘 마르케스(Juan Manuel Márquez)는 TV 채널 HBO가 자신의 훈련 과정을 일일이 카메라에 담도록 허락했다. 당시 그는 모든 체급을 동등하게 평가했을 때 가장 강하다고 평가받는 플로이드 메이웨더 주니어(Floyd Mayweather Jr.)와의 대결을 앞두고 있었다. 이 프로그램의 중간에 마르케스가 자신의 오줌을 마시는 장면이 나온다. 그는 이게 자신의 훈련 과정의 일상이라 설명했다. 소변에는 체내에서 빠져나온 비타민들이 다량 함유되어 있어서, 건강을 위해 마신다는 거였다.

소변을 마시는 것, 혹은 제대로 된 이름으로 '소변요법 혹은 요료법(urine therapy)'이라고 하는 것은 격투기 선수들 사이에선 흔히 볼 수 있다. 브라질의 라이트 헤비급 이종격투기 선수인 료토 마치다는 매일 아침 자신의 소변을 마시며 심지어 그의 가족까지 모두 동참한다고 한다. 이종격투기 동료인 루크 쿠모도 요료법의 열렬한 지지자다. 그는 자신의 소변을 마시면 상대 선수에 대한 우위를 갖게 된다고 주장했다. 물론 2010년까지 6승 6패를 기록해서 요료법 전도사로 가장 적합한 선수는 아닌 것 같지만.

우크라이나의 권투선수인 비탈리 클리츠코는 나이지리아 선수인 새뮤얼 피터를 상대로 승리하면서 WBC 헤비급 챔피언 타이틀을 거머쥔 바 있다. 그도 자신만의 독특한 소변 활용법을 밝혔다. 바로 붓기를 방지하기 위해 자녀의 젖은 기저귀를 주먹에 감아 둔다는 거였다. 그는 "아기 소변은 아주 깨끗해서 좋아요. 독성도 없고, 냄새도 없지요."라고 말했다. 내가 이 책을 쓰고 있던 시점에 클리츠코는 여전히 WBC 챔피언 자리에 있었으니, 아무래도 효과가 있긴 있었던 모양이다.

사실 소변 마시기는 수시로 펀치를 맞고 헤매는 권투선수들만의 습관은 아니다. 꼬박꼬박 소변을 마시는 대체 의약 신봉자들도 많은데, 그 전통이 수천 년이나 된다. 예를 들어 인도의 성인들은 자신의 소변을 마실 뿐 아니라, 피부에 문지르는 마사지도 한다고 한다. 한편, 코란에서는 특이하게도 낙타의 소변을 마실 것을 권유한다. 의약적 효과가 있기 때문이란다. 중국에서는 어린 소년의 오줌이 건강에 좋다고 소문나 있어서 성인들이 마신다. 또 피부를 보호한답시고 아기들의 얼굴을 소변으로 씻기도 한다. 이런 습관은 오늘날에도 이어지고 있다. 가장 최근에는 1978년에 인도의 총리가 공공연하게 요료법을 장려했다. 의사를 찾을 형편이 되지 않는 가난한 인도인들에게 이상적인 해결책이라 여긴 것이다.

그렇다면 과연 소변요법은 효과가 있을까? 애석하게도 (꼭 오줌을 마셔보고 싶은 맘이 없는 사람들에겐 애석할 일도 없지만) 그 답은 'No'인 것 같다. 물론 소변은 대체로 멸균 상태이기 때문에 소변을 마시는 것 자체는 해가 되지 않는다. 게다가 자신의 소변을 마신다고 전제하면 만약 소변에 어떤 감염 성분이 있다 해도 이미 자신의 체내에 존재하던 것일 뿐이다.

물론 소변에 비타민이 다량 함유돼 있을 거라는 마르케스의 말도 맞다. 하지만 이 비타민 성분은 이미 신체에서 밖으로 밀어낸 것이어서 사실 효과는 없다. 소변을 마시는 것의 유일한 효과라면 아마도 장운동 촉진, 혹은 심지어 설사를 일으킨다는 것이리라. 소변에는 배변을 촉진하는 완하(緩下) 효과가 있기 때문이다. 하지만 그 외엔 소변을 마시는 것이 건강에 유익하다는 증거는 없다. 그러면 실제로 시합 결과는 어땠을까? 마르케스는 판정까지 가는 승부 끝에 각각 120:107, 119:108, 118:109, 심판 전원일치 판정패를 기록했다. 즉 상대편 메이웨더가 거의 모든 라운드를 이긴 셈이다.

✝ 해파리에 쏘인 데는 소변이 정말 효과가 있다는데?

아마도 시트콤 〈프렌즈(Friends)〉의 한 장면이 기억날지도 모르겠다. 모니카가 해파리에 쏘이자, 친구인 조이와 챈들러가 이럴 때 통증을 없애는 최고의 방법이라면서 그녀의 다리에 오줌을 누는 장면 말이다. 하지만 사실 소변은 해파리 쏘인 데에 아무런 효과가 없을 뿐더러, 모니카의 통증은 오히려 더 심해졌을지도 모른다.

해파리의 촉수는 '자포(刺胞, nematocyst)'라 불리는 톡톡 쏘는 매우 작은 세포로 뒤덮여있다. 해파리는 먹잇감에 이 세포들을 엄청난 속도로 쏴서 강력한 독소를 주입한다. 만약 해파리에 쏘였다면, 가장 먼저 할 일은 두 가지다. 첫 번째로 몸에 남은 해파리의 촉수를 제거해야 한다. 자포가 더 많은 독을 내뿜게 해선 안 되기 때문이다. 사실 이건 상당히 까다로운 작업이다. 왜냐하면, 자포는 민물이나 특정 화학물질이나 물리적 압력이 가해지면 거기 반응해서 독을 뿜기 때문이다. 따라서 수건이나 모래를 사용해서 몸에 남은 촉수 잔여물을 조심스럽게 제거해야 한다. 추가로 쏘일 수 있으니 맨손으로 촉수를 만지는 것은 삼가야 한다.

두 번째로 할 일은 남은 자포를 씻어내는 것이다. 그러나 이건 정말 어려운 작업이다. 민물이 닿으면 자포가 물속 소금 농도 변화에 반응해 독을 더 뿜어내기 때문이다. 그래서 자포를 씻는 액체로는 콜라나 와인, 암모니아 등이 추천되곤 했다. 하지만 이 액체들의 효과를 뒷받침할 증거는 거의 없다. 당연한 노릇이지만 해파리에 쏘이는 실험에 사람들이 몰려가지는 않을 터이니(물론 놀랍게도 실제로 그런 실험에 자원한 이들이 있긴 했다), 실험이 충분하지 않았던 탓이다. 현재 가용한 증거를 고려하면 해파리 쏘임을 씻어내는 데 가장 나은 선택지는 식초인 듯싶다. 치명적인 상자해파리를 위시해서 여러 가지 해파리들이 지니는 자포를 식초 내의 아세트산이 중화시키는 것으로 알려졌기 때문이다. 하지만 몇몇 해파리들의 독은 식초에 부정적으로 반응해서, 통증을 더욱 고통스럽게 하기도 한다. 따라서 이런 경우는 차라리 바닷물로 씻는 게 낫다.

소변이 해파리 쏘임의 통증을 완화한다는 말은 아마도 소변의 산도가 대체로 약산성이기 때문에 나왔을 것이다. 하지만 소변의 산성은 상당히 약하기 때문에 자포는 소변이 깨끗한 물인 것처럼 반응할 확률이 높다. 즉, 자포가 독을 더 뿜어낼 수 있다는 이야기다. 그러니 소변으로 해파리 쏘인 곳을 씻어내는 것은 추천하지 않는다.

일단 식초나 바닷물로 피부를 씻고 나면, 쏘인 곳 주변을 면도날이나 칼로 면도해서 남은 자포를 제거해야 한다. 해파리에 쏘이면 고통스럽겠지만 다행히 치명적일 정도는 아니다. 또 통증은 대개 24시간 정도 지나면 저절로 사라진다. 차라리 제일 친한 친구가 내 다리에 오줌을 누었다는 부끄러움이 더 오래 남을 고통이지 않을까?

✝ 전쟁터에서 생긴 상처를 소변으로 씻어냈다고?

소변은 수 세기 동안 전쟁터에서 발생한 상처를 씻어내는 소독약 역할을 해왔다. 깨끗한 물이나 다른 소독약이 없었을 때의 얘기다. 물론 지저분하게 들리겠지만, 소변을 본 사람이 요로감염증만 아니라면 소변은 대개 살균된 상태다. 따라서 소변을 소독약으로 사용하는 것은 나름 효과적인 선택이라 할 수 있다.

어쨌거나 소변은 전쟁의 와중에서 얻을 법한 다른 연고들보다는 더 선호됐다. 그럼, 여기서 그런 연고에 대한 한 예를 살펴볼까. 16세기 전의 의사들은 심각한 상처에다 끓는 기름을 들이붓곤 했다. 상처를 살균하고 지혈하기 위해서였다. 어느 날, 프랑스의 위대한 외과의 앙브루아즈 파레(Ambroise Paré)가 전쟁터에서 부상자들을 치료하고 있을 때, 끓는 기름이 바닥났다. 그때 그는 어디선가 읽은 적이 있는 고대의 연고를 떠올렸다. 아마도 이슬람 의학에서 쓰인 것일 터였다. 그는 이 연고를 써보기로 하고 남은 부상병들에게 이 연고를 발라주었다. 그리고는 밤이 되어 병동을 떠났다.

다음 날, 파레가 병동으로 돌아왔을 때 그는 자신이 의도치 않게 한 가지 의료 실험을 했음을 깨달았다. 상처에 끓는 기름을 부은 환자들은 여전히 고통스러워하며 호전되지 않았던 반면, 부드러운 연고를 발랐던 병사들은 상태가 좋아졌기 때문이다. 주로 연고에 포함된 테레빈유(turpentine) 살균 성분 덕이었다.

† 히틀러는 필로폰에 중독되어 있었을까?

참 기이한 노릇이지만, 히틀러는 확실히 각성제인 메스암페타민(methamphetamine)에 중독되었던 것 같다. 히틀러는 건강에 몹시 예민해서 주치의인 테오도어 모렐(Theodor Morell)에게 매일 비타민 주사를 맞았다고 한다. 그런데 제2차 세계대전이 진행되면서 히틀러는 많게는 하루에 다섯 번씩 주사를 맞았고, 모렐은 이 주사에 크리스털 메스(crystal meth)라고도 부르는 메스암페타민을 섞어 넣었다. 히틀러를 기민하고 에너지 넘치게 만들려는 의도였다. 이 주사 덕분에 히틀러는 '상쾌하고, 기민하며, 활동적이고, 즉시 새로운 날을 맞을 준비가

돼 있었다, 쾌활하고, 말이 많으며, 신체적으로 활발했다. 또 밤늦게까지 깨어 있곤 했다.' 독일의 정치인이었던 알베어트 슈페어(Albert Speer)는 히틀러의 메스암페타민, 즉, 필로폰 중독이 전쟁 말기에 히틀러의 경직된 전술을 불러일으킨 이유 중 하나라고 생각했다. 당시 히틀러는 어떠한 상황에서도 휘하의 장군들에게 전술적 후퇴를 허락하지 않았기 때문이다.

히틀러의 메스암페타민 사용이 놀랍게 들리겠지만 사실 메스암페타민은 제2차 세계대전 내내 널리 사용되던 약이었다. 페르비틴(Pervitin)이라는 상표명의 암페타민은 독일 군대의 연료와도 같았다. 독일군은 폴란드와 프랑스에 대한 전격전(電擊戰)에서 수백만 개의 페르비틴 알약을 공급했다. 한편 영국과 일본 군대도 병사들에게 엄청난 양의 암페타민을 제공했다. 미군은 암페타민의 정기적 사용을 한국전쟁 전까지는 공식 승인하지 않았다. 하지만 영국에 주둔하던 많은 미군이 암페타민의 일종인 벤제드린(Benzedrine)에 길들여졌다. 영국이 미국 군인들에게 제공한 벤제드린 알약이 8,000만 개에 이른다는 추정도 있다. 또 미국 위생병들이 군인들에게 나눠준 벤제드린의 양도 비슷하다고 한다.

이처럼 히틀러의 메스암페타민 사용에 대한 기록은 잘 남아 있다. 하지만 그의 건강상태에 대한 여러 가지 '설'에는 수상한 점들이 많다. 히틀러가 매독, 파킨슨병, 아스퍼거 증후군을 앓았다고 주장한 역사학자들도 많았다. 그뿐인가, 과민성 대장증후군, 부정맥, 피부병, 그 외에 경계성 성격장애나 조현병(調鉉病)을 비롯한 여러 정신병적인 문제도 있었다는 등의 얘기도 만발했다.

한 가지 꾸준히 돌아다니는 소문은 히틀러의 고환이 하나뿐이라는 것이다. 제1차 세계대전에서 사타구니 쪽에 총을 맞아 생긴 부상의 결과로 말이다. 히틀러의 시체를 러시아에서 부검했을 때 실제로 히틀러의 왼쪽 불알이 없었다고 한다. 전쟁 중에 유행했던 '히틀러는 불알이 한쪽밖에 없네'라는 노래는 놀랍게도 사실이었다.

하지만 이 부검이 그저 정치 선전에 불과하다는 의문도 남아 있다. 무엇보다도 히틀러의 시체는 그가 권총 자살을 했던 벙커 안에서 화장됐다는 설이 유력하다. 이 이야기가 사실이라면 부검할 고환이 남아 있었겠는가. 그리고 '불알이 한쪽' 어쩌고 한 노래의 최초 버전도 히틀러가 아니라 헤르만 괴링(Hermann Göring)에 대한 것이었다고 한다. 그 노래의 첫 소절이 "괴링은 불알이 한쪽뿐이고, 히틀러의 불알은 쬐끄만해…"였다는 것이다. 비록 이 노래의 등장인물이 나중에 순서가 뒤바뀌긴 했지만, 괴링에 대한 기괴하고 구체적인 주장이 나중에 오히려 히틀러의 상황에 들어맞은 것은 기이한 우연처럼 보인다. 하여튼 이 이야기는 여전히 괴담에 불과한 듯하다.

† 애거서 크리스티의 '창백한 말'은 어떻게 목숨을 구했을까?

애거서 크리스티의 추리소설《창백한 말(The Pale Horse)》은 1961년에 출간되었다. 이 책은 정통 크리스티식 소설 전개법을 벗어난 작품으로 기록된다. 무엇보다 크리스티 소설의 유명한 두 주인공 에르퀼 푸아로(Hercule Poirot)와 미스 마플(Miss Marple)이 등장하지 않는다. 또 배경도 여느 크리스티 소설의 판박이 일반 시골 저택이 아니라, 현대적이고 세련된 배경이다. 게다가 선술집에서의 주먹다짐 같은 거친 장면도 나온다.

하지만 일반적인 크리스티의 소설처럼 이 작품에도 독극물에 의한 살인이 나온다. 아마도 크리스티 자신이 젊어서 간호사와 약사로 일한 경험이 있기에 평생 독에 대한 매혹을 느꼈던 것일까.《창백한 말》에서 선보인 독은 꽤 흔한 금속인 탈륨(Thallium)이었다. 탈륨에 함유된 나트륨은 맛과 향이 없고 다른 물질에 쉽게 녹아, 상당히 효과적인 독이 된다. 또 탈륨의 독성은 천천히 나타나서 이를 이용하려는 범인에게 유용한 데다, 간질이나 뇌염, 신경통 등과 구분하기도 어려웠다. 탈륨에 중독되면 무기력증, 마비, 의식의 상실, 어눌한 대화, 탈모 등의 증상이 나타났다. 1930년대에 탈륨은 '코레믈루 크림(Koremlou Creme)'이라는 이국적 이름의 제모제에도 쓰였는데, 의사 처방 없이도 약국에서 흔히 구할 수 있는 제품이었다.

그런데 《창백한 말》을 발표한 지 14년이나 지난 1975년, 크리스티는 남아메리카의 어느 여성으로부터 자기 친구의 생명을 구해줘서 고맙다는 내용의 편지를 한 통 받는다. 친구가 탈륨 중독 증상을 보였는데, 《창백한 말》을 읽은 적이 있어서 이를 알아차릴 수 있었다고 했다. 친구는 남편에 의해 탈륨으로 독살당하는 중이었는데, 덕분에 낌새조차 알아차리지 못한 친구를 구할 수 있었다고 한다.

사실 《창백한 말》은 출판 이후 여럿의 생명을 구했다. 1977년에는 런던의 해머스미스병원의 한 간호사가 카타르에서 온 아이를 치료했는데, 아이는 원인 미상의 병을 앓고 있었다. 다행히 이 간호사도 《창백한 말》을 읽었기에 그것이 탈륨 중독임을 알아차렸고 결국, 아이는 목숨을 구했다. 한편, 1971년에는 악명 높은 독살자인 그레이엄 프레더릭 영(Graham Frederick Young)이 구속됐다. 이 사건에 연루된 한 의사가 탈륨 중독의 증상을 눈치챘기 때문이었는데, 이 역시 물론 《창백한 말》 덕분이었다.

✝ 고대 이집트인들은 왜 상처에 곰팡이 난 빵을 발랐을까?

곰팡이 난 빵이 베인 상처를 깨끗이 유지한다는 이론은 고대 이집트 시대부터 널리 알려진 유럽의 민간요법이었다. 이젠 우리도 이 방법이 왜 효과적이었는지를 잘 알고 있다. 곰팡이에는 항박테리아

특성이 있기 때문이다. 이 원리는 1877년에 세균학의 아버지라 불리는 루이 파스퇴르가 발견했다.

물론 파스퇴르 이전에도 사람들은 화학물질을 이용하면 박테리아를 없앨 수 있다는 걸 알고 있었다. 하지만 파스퇴르는 탄저병을 일으키는 박테리아인 탄저균의 성장을 평범한 곰팡이가 둔화시킨다는 사실을 관찰하게 되면서, 곰팡이가 생물학 작용제로 쓰일 가능성을 보았다. 이 외에도 일반적으로 페니실린이 발견된 해로 통하는 1928년보다 수십 년 이전에 파스퇴르가 이런 유형의 곰팡이를 페니실린으로 알아봤다는 추측도 있다.

† '공감의 가루약'이란 무엇일까?

17세기에 관습적으로 쓰인 약들은 지금 보면 거의 다 괴상하고 기이하게 느껴질 테지만, 미신과도 같은 엉터리 약 중에서도 영국인 케넬름 딕비 경(Sir Kenelm Digby)의 '공감의 가루약(powder of sympathy)'이야말로 놀라우리만치 어처구니없다. 이 가루약은 레이피어(rapier)라는 길고 가느다란 검에 찔린 상처를 치료한다는 아주 특별한 목적을 위해 만들어졌다. 지렁이, 돼지의 뇌, 산화철, 그리고 미라 가루 등, 공감의 가루약에 들어갔던 다양한 재료들도 기이하기 짝이 없었다. 특히 '미라 가루'는 말 그대로 미라를 가루로 만든 것이다. 사실 이 시대에 미라 가루를 약에 사용하는 것은 꽤 흔한 일이었다. 의사들은 온갖 종류의 질병들에 미라 가루를 처방해온 터였다. 아마도 이 의료행위는 미라로 만든 시체는 대단히 잘 보존된 상태임을 12세기의 사람들이 직접 본 이후에 시작되었을 것이다.

이 정도 이야기로는 '정신 나갔음'이 충분치 않았음인지, 이 약은 상처에 직접 바르려고 만든 것도 아니었다. 아니, 그게 아니라, 상처를 입힌 무기에 바르기 위해 만들어졌다. 딕비는 이 혼합 가루를 상처의 원인인 무기에 바르면, '공감의 마법'을 통해서 상처가 아무는 걸 돕는다고 믿었던 것이다. 그렇다고 해서 딕비 경이 무슨 이름 없는 괴짜인 것도 아니었다. 오히려 그는 왕궁의 저명한 대신이자 외교관이며, 당대의 내로라하는 지식인이기도 했다. 공감의 가루약에 대한 그의 저서는 무려 29차례나 개정판이 나올 정도였다. 딕비의 또 다른 업적들은 어땠을까? 그는 식물에 산소가(그가 만든 용어를 빌자면 '필수 공기'가) 필요하다는 사실을 처음 관찰한 사람이었고, 현대적인 와인 병을 발명하기도 했다. 또 딕비가 프랑스의 전설적 수학자 페르마와 주고받은 많은 서신에는 페르마의 수학적 증명을 드러내는 유일한 현존 문서가 포함되어 있다. 페르마는 자신의 '무한 하강의 방법(Method of Infinite Descent)'을 통해 피타고라스 삼각형의 한 영역은 사각형이 될 수 없음을 보여주었다.

딕비가 제안한 또 한 가지 공감의 가루약 사용법은 항해사들이 바다에서 경도를 결정하는 데 쓰라는 것이었다. 당시 경도는 무척 중요했지만, 여전히 그 수수께끼가 풀리지 않은 문제였다. 딕비의 충고는 이랬다. 우선 상처를 입은 개와 그 개를 감쌌던 붕대를 구한다. 그리고 개는 항해에 태워 보내고 매일 미리 정해둔 시간에 뭍에 남겨둔 붕대에다 공감의 가루약을 뿌리는 것이다. 그러면 공감의 마법 때문에 항해 중인 개가 마구 짖게 되고, 배의 항해사들은 마치 자명종처럼 매일 정확한 시간을 안내받으며, 그로부터 배의 경도를 계산할 수 있으리라는 거였다. 물론 이를 실제로 시도했는지는 알려지지 않았다. 물론 이 방법의 부작용은 상처가 계속 효력을 유지하기 위해서 긴 항해 동안 개가 자주 다쳐주어야 한다는 것이었다.

† 당나귀 고삐를 두르고 돼지우리 주변을 세 번 돈다고?

아일랜드의 민속 전통을 다룬 책을 읽어보면, 볼거리(mumps)를 앓는 환자의 머리에 당나귀 고삐를 두르고, 돼지우리 주변을 세 번 돌게 하면 병이 아주 잘 낫는다고 믿었다고 한다. 하지만 도대체 왜 이게 실제로 효과가 있다고 믿었을까? 아직도 수수께끼로 남아 있다.

† '빈 마리아니'가 뭐였지?

'빈 마리아니(Vin Mariani)'는 1863년에 프랑스 화학자 안젤로 마리아니(Angelo Mariani)가 개발한 자양강장제다. 마리아니는 코카나무의 잎에서 추출한 물질을 합성한 코카인의 강력한 효능을 설명하는 기사에서 영감을 얻었다. 그래서 그는 코카 잎과 보르도 지방의 레드 와인을 결합해 코카인의 효과를 나게 하는 와인을 만들기로 했다. 이렇게 탄생한 자양강장제 '빈 마리아니'에는 와인 30㎖당 6㎎의 코카인이 함유되어 있었다. 물론 점차 경쟁 음료들에 대적하기 위해 코카인 양을 더 늘렸지만.

이 자양강장제는 어마어마한 대성공이었는데, 그리 놀랄 일도 아니었다. '8,000명의 의사가 이 음료를 추천했으며, 과로한 남성, 연약한 여성, 병약한 아이들에게 안성맞춤'이라는 주장과 함께 빈 마리아니가 얼마나 대단한 건강 음료인지를 제품 광고가 한껏 부풀리고 있었으니까. 토머스 에디슨, 빅토리아 여왕, 러시아의 황제와 황후, 교황 비오 10세, 교황 레오 13세 등, 이 음료를 즐겨 마신 유명 인사들도 한둘이 아니었다. 특히 레오 13세는 빈 마리아니의 광고에 등장했을 뿐 아니라, 이 제품에 바티칸의 금메달을 수여하기도 했다.

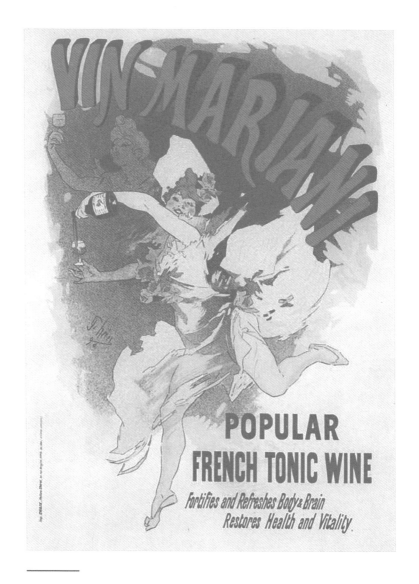

✳ 자양강장 와인 빈 마리아니의 효과는 코카인이라는 특별 성분 때문이었다.

알코올과 코카인은 그 자체로도 기분 좋은 약물이지만, 흥미롭게도 빈 마리아니의 인기는 단순히 그 둘이 함유되었다는 사실에 있는 게 아니었다. 이 음료가 누린 인기의 진정한 비결은 두 성분 간의 화학작용이었다. 코카인은 알코올을 만나면 '코카에틸렌(cocaethylene)'이라는 강력한 정신 활성 대사물질(代謝物質)을 생성한다. 코카에틸린은 코카인 단독으로 생성될 수는 없고 반드시 알코올과 함께 섭취해야 한다. 코카인과 함께 과음하는 것이 40대 이하의 연령층에서 심각한 심장 문제를 일으킨다는 증거가 늘어나면서 코카에틸린은 오늘날 의료계에서 점점 더 큰 우려를 낳고 있다.

여하튼 빈 마리아니는 이윽고 미국으로 성공적으로 수출되어 굉장한 판매액을 달성했다. 그리고 이에 영감을 얻은 존 펨버튼(John S. Pemberton)이란 사람이 비슷한 음료를 만들어내기에 이르렀다. 그는 1885년에 '프렌치 와인 코카'라는 음료를 만들어 팔기 시작했다. 그렇지만 오래지 않아 미국에서는 금주법이 통과되었다. 물론 이 금주법은 코카인이 아니라 술의 판매만 제한했을 뿐이었다. 이에 펨버턴은 프렌치 와인 코카에서 알코올 성분을 뺀 음료를 개발하기 시작했고, 이를 '코카콜라'라고 부르기로 했다. 이 음료 역시 상당한 인기를 끌었을 거라 믿는다.

† '클리스터'가 뭐지?

클리스터(clyster)는 관장(灌腸, enema)을 가리키는 옛 표현으로, 물이나 다른 액체를 직장(直腸)과 결장(結腸)에 주입하는 것이다. 클리스터는 고대 이집트 때부터 시행되어 온 것으로 보이며, 아마도 따오기를 보고서 얻은 아이디어였던 것 같다. 따오기는 부리를 사용해서 소금물을 총배설강(설 기관과 생식 기관을 겸하고 있는 구멍)에 흘려 넣기 때문이다. 아무튼, 클리스터는 17~19세기의 부자들 사이에 매우 유행하던 치료법이었다. 변비를 비롯한 다양한 질병 치료에 쓰였지만 실은 변비 이외에는 거의 효과가 없었을 것이 뻔하다.

일반적인 관장약은 따뜻한 물에 소금, 베이킹소다, 비누 등을 첨가했다. 일부 의사들은 커피나 겨, 각종 허브, 꿀, 캐모마일 등을 첨가해 좀 더 정교한 관장을 시도하기도 했다. 관장을 하기 위해 의사들은 주사기를 괄약근 너머 항문 깊숙이 삽입했다. 몸 바깥쪽으로 나온 주사기의 끝에는 커다란 전구 모양의 통이 달려 있었는데, 이 안에 관장약이 채워진다. 초기에는 돼지의 방광이 이 통으로 자주 쓰였다. 여하튼 이 통을 꽉 쥐어짜면, 혼합물인 관장약이 주사기로 넘어가며 직장에 도달하게 되는 것이다.

상류사회에서 관장은 엄청난 인기를 끌었다. 귀족 중에서 건강에 민감한 이들은 하루에 3~4번씩 은은한 향이 나는 관장약을 썼다. 관장을 받을 때 환자는 우선 무릎을 꿇고 엉덩이를 치켜들어 의사들이 잘 볼 수 있도록 했다. 좀 더 정숙한 여자들은 사생활 보호를 위해 장막 뒤에서 무릎을 꿇었다. 그래서 의사가 오직 항문만을 볼 수 있게 한 것이다. 정숙함을 잃지 않으려는 다소 기이한 방편이었다.

프랑스의 루이 14세는 나라를 다스리는 동안 무려 2,000번 넘게 관장을 받았다고 전해진다. 또 그는 특별 탐정이나 조사관으로 구성된 팀을 꾸려서 관장약으로 인한 살인 사건을 전담하게 했다. 당시 관장약에 독을 타는 살인 사건이 빈번해 사회 문제가 됐기 때문이다. 그런가 하면, 부르고뉴 공작부인은 왕이 방문했을 때 그가 보는 앞에서 관장을 받아 적잖이 충격을 주었다. 마치 관장이 세상에서 가장 자연스러운 일인 듯 행동했으니! 그러니 몰리에르(Moliere) 같은 풍자작가의 희극에까지 관장이 등장하기 시작한 것은 그리 놀랄 일도 아니다.

관장은 또 다른 목적으로도 쓰였다. 우선 중세시대에는 환자가 너무 약해져서 음식을 먹지 못할 때 영양분이 있는 액체로 관장을 해 양분을 공급했다. 또 이런저런 약을 투여하는 수단으로 쓰이기도 했다. 가령 위장에 부담이 갈 정도의 약인 경우, 의사들은 이를 복용하게 하는 대신 관장을 이용한 것이다. 18세기 들어서는 심지어 담배 연기로 관장을 하는 게 유행하기도 했다. 물에 빠졌던 사람을 되살리는 데 특효라고 생각했기 때문이다. 하지만 1811년에 담배 연기에 독성이 있다는 사실이 분명해지면서, 이런 유행은 점차 줄어들었다. 그런 치료를 홍보하고 판매했던 장사꾼들의 사기성이 드러났고, "내 엉덩이에 연기를 불어넣지 마!" 같은 새 관용구가 등장하기도 했다. 물론 요즘이야 '클리스터'는 한물간 용어이지만, 관장은 여전히 일부 사람들 사이에서 꽤 인기가 좋다. 하지만 오늘날에는 세련되게 들리는 '결장 세척(colonic irrigation)'이란 이름이 붙어있다.

† 혀의 반을 잘라야 했던 사람들

'반설절제(反舌切除, hemiglossectomy)'는 말 그대로 혀의 반쪽을 잘라내는 18~19세기의 잔인한 말더듬증 치료법이다. 이 수술은 사실 오늘날에도 가끔 행해지는데, 구강암 환자를 치료할 다른 모든 방법이 실패로 끝나 오직 혀의 부분 제거만이 유일한 수단으로 남았을 때 이 방법을 쓴다. 하지만 요즘에는 최소한 전신 마취 상태에서 이 수술을 한다. 옛날에는 물론 그렇지 않았다.

반설절제술이 가진 역사적 사료로서의 의의는 놀라운 것이다. 말더듬증처럼 가벼운 증상에 어리석으리만치 과도한 조치를 했다는 사실 때문이다. 사실 말더듬증 정도는 여러 다른 방법으로 교정할 수 있지 않은가. 게다가 당대의 여러 기록에 따르면, 이 수술을 이겨내고도 계속 말을 더듬는가 하면, 수술 도중 과다출혈로 사망한 환자도 있다고 하니, 반설절제술은 효과도 없었다는 얘기다. 1937년 〈영국의학저널〉에 실린 한 기고문은 반설절제에 대한 반대 의견을 잘 요약하고 있다.

"물론 어째서 이 수술법이 말더듬증을 교정하지 못할 것인가에 대한 논리적 이유는 없다. 하지만 이러한 수술법을 적용하는 것은, 언어 훈련에 대한 완벽한 무지를 보여준다. 교수형 집행인도 소화 불량을 치료할 수 있지만, 그보다 더 좋은 다른 방법도 있지 않겠는가!"

† 사마귀의 원인은 뭘까? 치료법은 있을까?

사마귀의 원인은 인유두종(人乳頭腫) 바이러스(human papilloma virus)로, 그 종류는 100가지가 넘는다. 그중 1형, 2형, 3형이 사마귀의 가장 흔한 원인이며, 몇몇 유형은 생식기에 사마귀를 나게 한다. 사마귀에는 약한 전염성이 있어서, 사람과 사람 사이에 옮을 수도 있다. 또, 수건, 신발, 젖은 바닥 등을 통해 간접적으로 옮을 수도 있다. 사마귀는 손이나 손가락에 쉽게 나지만, 몸 전체에서 자랄 수 있다.

예를 들어, 눈꺼풀이나, 입안, 심지어 항문에도 난다.

사마귀는 때론 아무런 치료 없이 저절로 낫기도 한다. 하지만 일반적으로는 치료를 받는 게 더 현명하다. 치료에는 여러 방법이 있는데, 가장 효과적인 것은 살리실산(酸)을 사용하는 것이다. 혹은 사마귀를 액체 질소로 동결시키는 방법도 있다. 또 지지거나 레이저로 제거하기도 한다. 하지만, 어떤 방법을 쓰든지 75% 정도만 효과를 나타내며, 사마귀는 제거한 다음에도 다시 자라나는 경우가 많다.

사마귀에 대해서는 오랜 기간에 걸쳐 수많은 민간요법이 탄생했다. 틀림없이 또렷한 이유도 없이 사마귀가 없어졌다 나타나기를 반복했기 때문일 것이다. 다른 질병과 비교해서 사마귀는 지속시간을 예측하기도 힘들었다. 따라서 사람들은 만약 치료와 사마귀가 없어지는 시점이 비슷하면, 자신이 선택한 치료법이 성공했다고 믿는 경우가 많았다. 이와는 대조적으로 우리는 감기가 그저 며칠 동안 계속된다는 것을 알고 있다, 그렇기에 만약 사흘째 감기가 다 나았다고 해서, '벌레를 만졌기' 때문에, 혹은 '조약돌을 땅에 묻었기' 때문에 나았다고 생각하지는 않는다.

사마귀는 전통적으로 두꺼비를 연상시키곤 했다. 비록 두꺼비의 등에 난 혹들이 사마귀는 아니더라도 그 모양이 사마귀와 비슷하기 때문이다. 그래서 생겨난 일반적인 이론이, 두꺼비를 만지면 사마귀가 생긴다는 거였다. 그래서 사마귀를 치료한답시고 두꺼비를 산채로 자루에 넣어, 그 불쌍한 녀석이 죽을 때까지 목 주위에 매달고 다녔다. 혹은 개구리나 달팽이를 사마귀에 문지른 다음 그걸(사마귀가 아니라 개구리나 달팽이를) 나뭇가지에다 꽂아버리라고 얘기하는 이들도 있었다. 이보다 좀 더 끔찍한 동물 학대 사례를 찾는 사람이라면, 이건 어떨까? 장어를 한 마리 잡아 머리를 자른 후, 사마귀에다 그 피를 떨어뜨린다. 그런 다음 장어의 머리는 땅에 묻는다. 이게 널리 권장하던 사마귀 '치료법'이었다.

물론 좀 덜 섬뜩한 민간요법도 있었다. 그중 하나가 사마귀에 자작나무 조각을 대고 문지르고 나무 조각은 내다 버리는 것이다. 만약 자작나무 조각이 없다면, 콩깍지도 괜찮았다. 그뿐인가, 사마귀를 남한테 주거나 팔 수도 있었다. 예를 들어, 이미 고인이 된 이에게 사마귀를 넘겨주려면, (물론 위험한 방법이지만) 장례식 행렬에 돌을 던지는 것이다. 혹은, 장례식 행렬이 지나갈 때 사마귀를 문지르거나, 장례식에 참석한 이들의 신발에서 진흙을 얻어 사마귀에 바르기도 했다. 또한, 얼마 안 되는 돈을 받고 사마귀를 팔 수도 있었으며, 교차로에다 사마귀를 상징적으로 묻기도 했다. 또 다른 방법으로, 한밤중에 환자가 거울을 보며 얼굴을 찡그리거나, 보름달이 떴을 때 사마귀를 아홉 번 입으로 불기도 했다. 말하자면, 어떤 엉뚱한 행동도 상관이 없어서, 사마귀는 사람들이 어떻게 기이한 민간요법을 믿게 되는지 보여주는 좋은 예인 셈이다. 만약 사마귀가 낫는 시점과 그 민간요법을 쓴 때가 거의 일치하기만 한다면.

✝ 왜 비소는 약에 널리 쓰였을까?

비소(arsenic)는 세계에서 가장 악명이 높으면서도 널리 쓰인 독이다. 네로 황제는 자신의 이복동생 브리타니쿠스를 비소로 독살하고 로마 제국을 손아귀에 넣었다고 한다. 또 15세기의 이탈리아에서 보르지아(Borgia) 가문은 정적들을 비소로 독살했다. 17세기의 프랑스에서도 비소를 이용한 독살은 너무 흔해서 비소를 '왕위계승 파우더(poudre de succession)'라고 부를 정도였다.

비소는 향도 없고 맛도 없는 데다 음식물에 쉽게 녹아들기 때문에, 아주 이상적인 독극물이다. 19세기까지는 체내의 비소를 검사할 방법도 없었다. 게다가 비소를 섭취한 후의 증상이 콜레라의 그것과 비슷해서, 누군가가 독살당해도 비소를 의심하기는 어려웠다. 비소의 독에 희생됐을 거라 의심되는 인물 중에는 나폴레옹 보나파르트, 영국의 조지 3세, 이탈리아의 프란체스코 1세, 토스카나 대공(大公) 등이 있다.

비소의 효과는 다양하고도 매우 불쾌했다. 비소 독살의 희생자로 볼 수 있는 단서 가운데 하나는 피해자의 호흡이나 땀에서 마늘 같은 냄새가 난다는 것이다. 피부 습진이나 탈모가 오든지, 손톱 위에 하얀 선이 생기면 가벼운 증상에 속했다. 하지만 좀 더 심각한 경우 피해자는 피를 토하거나, 심한 복통 및 설사, 탈수 증상을 보였다. 어떤 때는 소변이 검게 변하는 일도 있었다.

그런데 이런 비소가 여러 세기 동안 약으로도 쓰였다니 놀랍지 않은가. 중국의 전통의학에서는 지금도 비소가 암을 치료하는 데 쓰인다. 또 비소를 주성분으로 하는 특허약도 적지 않았으니, 그중 하나가 '파울러 용액(Fowler's Solution)'이라는 강장제였다. 이 약은 18세기 말부터 가깝게는 1950년대 말까지 말라리아와 매독의 치료제로 처방되었다. 역시 비소를 포함한 '도노번 용액(Donovan's Solution)'은 류머티즘과 관절염, 당뇨를 치료하는 데 쓰였다. 한편, 빅토리아 시대의 여성들은 혈색을 좋게 만드는 팔과 얼굴에 바르는 화장품에 비소를 사용했다.

그렇다면 독성으로 유명한 비소가 왜 그렇게 자주 약에 쓰였을까? 그리고 어떻게 비소가 건강에 좋다고 생각할 수 있었을까? 아마도 약한 비소의 독성은 얼굴의 혈관을 분해해서, 좀 더 건강하고 활기찬 광채가 나도록 하기 때문인지도 모른다. 그리고 독성분이 약이

오싹한 의학의 세계사

되는 건 얼핏 듣기에 그렇게 말도 안 되는 이야기는 아닐지 모른다. 우리는 자연스레 독과 약이 개별적이며 반대 개념이라고 믿는 경향이 있지만, 실제로 이 둘은 하나일 때가 많다. 기생충이나 박테리아처럼 우리 몸 안의 해로운 성분을 공격하고 독살하는 약이 얼마나 많은가. 그러니까 약들도 우리 몸에 어느 정도 독성으로 작용할 때가 많지만, 단지 그 혜택이 위험성을 훨씬 웃도는 것뿐이다.

이러한 사실을 염두에 둘 때, 효과가 입증된 약들에 왜 그렇게 비소가 많이 첨가됐는지는 놀랄 일이 아니다. 비소가 들어간 약 중에는 오늘날에도 여전히 쓰이는 것도 있다. 가령 1909년에 개발된 살바르산(Salvarsan)은 세계에서 가장 많은 처방이 내려지는 약 중 하나다. 당대에는 이 약이 매독을 치료하는 가장 효과적인 약이었기 때문이다. (1940년대에 들어서는 페니실린으로 대체되었지만) 또 요즘에는 비소가 특정 유형의 백혈병을 치료하는 항암치료에도 사용된다. 그리고 자가 면역성 질병을 치료하는 데도 비소가 효과적일 수 있다고들 한다.

5

훌륭한 의사들

✝ 평범한 의대생이 맞이한 인생의 전환점

1536년 22살이던 안드레아스 베살리우스(Andreas Vesalius)는 고향인 벨기에의 루뱅대학교(University of Louvain) 의과대학에 다니는 가난뱅이 학생이었다. 그런데 그는 막 파리대학교에서 공부를 마치고 돌아온 터라, 루뱅의 강의 방식이 암울할 정도로 부족하다는 것을 알아차렸다. 한 번은 강사가 어설프기 짝이 없게 동물을 해부하려는 모습을 보고, 직접 교실 앞으로 뚜벅뚜벅 걸어가 강사에게 제대로 된 방법을 가르쳐주었다고 한다.

베살리우스의 인생을 결정짓는 사건이 얼마 지나지 않아 발생했다. 그는 도시 성벽 밖에서 교수대에 매달린 처형당한 범죄자의 시체를 발견했다. 해골은 온전한 상태로, 인대(靭帶)로 고정된 채 매달려있었다. 마음이 들뜬 베살리우스는 해골의 팔과 다리를 떼어 집으로 황급히 달려갔다. 그 후, 그는 새벽 통금을 어기고 밤늦게 다시 그 자리로 돌아갔다. 그리고는 교수대를 기어 올라가 사슬을 부순 뒤, 시체의 나머지 부분도 몽땅 가져갔다. 이어 그는 해골을 삶기 시작했고, 이윽고 자신의 첫 번째 의료용 해골을 탄생시켰다. 누군가 묻기라도 하면, 그는 파리에서 올 때 가져온 것이라고 거짓말을 했다.

당시 북유럽에서는 인간의 시신을 해부한다는 것은 너무 충격적이라 거의 불가능한 것으로 간주하고 있었다. 그래서 해부학의 발전은 매우 제한될 수밖에 없었다. 덕분에 해부학이라는 분야에는 의심스러운 구전(口傳) 지식이 판을 쳤고, 이를 시험하거나 반박할 수도 없었다. 해부학 수업이라고 해봤자, 아리스토텔레스와 갈레노스의 옛글을 배우면서 모든 동물의 몸과 기관은 근본적으로 같다는 가정 아래 개나 돼지 같은 동물들의 해부에 대한 설명을 곁들인 정도였다. 수업의 그저 책에다 초점을 맞추고 있었으며, 책이야말로 참된 지식의 근원이라 여겼던 반면, 해부는 그저 부차적인 문제에 불과했다.

베살리우스의 혁명적인 접근은 갈레노스의 신성한 가르침에 의문을 제기하고, 스스로 관찰을 시도한 것이었다. 그 과정에서 베살리우스는 위대한 갈레노스가 사실 수많은 실수를 저질렀음을 깨달았다. 예를 들어 갈레노스는 인간의 턱뼈가 두 개의 뼈로 구성된다고 믿었지만, 베살리우스는 실은 하나의 뼈임을 알아냈다. 또, 갈레노스는 흉골(胸骨)이 일곱 개의 뼈로 이뤄졌다고 했지만, 베살리우스가 찾아낸 뼈는 세 개뿐이었다. 갈레노스는 여성이 남성보다 갈비뼈가 하나 더 많다고 주장했지만, 베살리우스는 이를 찾지 못했다. 결국 베살리우스는 이런 실수를 총 300개나 꼼꼼하게 찾아냈다. 그리고는 갈레노스가 실제로는 인간을 한 번도 해부해본 적이 없다는 결론을 내렸다. 대신 갈레노스는 그저 개나 돼지, 원숭이 등의 다른 동물들을 해부한 뒤, 인간의 몸도 이와 같을 거라고 가정했다는 것이다(실제로 갈레노스는 그렇게 했을 확률이 높다).

베살리우스의 해부학 강의는 그야말로 장안의 화제였다. 항상 수많은 구경꾼이 벌떼처럼 몰려들었다. 베살리우스의 연구에 관한 흥미가 높아지자, 나라에서는 그가 처형당한 시체들을 해부하도록 허락했다. 그는 종종 인간의 시체 바로 옆에 산 동물을 두고 동시에 해부했다. 신체 각 부위의 기능이나 움직임을 산 동물을 통해 최대한 보여주려는 의도였다. 동시에 인간의 시체에서 그에 상응하는 부위를 짚어내면서 공통점과 차이점을 설명했다. 베살리우스는 해부에서 거의 음산한 즐거움을 느끼는 듯했다. 한 번은 그가 새끼 밴 암캐를 해부한 적이 있는데, 아직 태어나지 않은 새끼가 태반 혈의 공급이 끊어지자 숨을 쉬려 낑낑대는 걸 보면서 큰 만족감을 보였다고 한다.

오늘날 베살리우스는 '해부학의 아버지'로 불릴 뿐만 아니라, 의학사에서 가장 중요한 인물 중 하나로 꼽힌다. 베살리우스의 그림을 곁들인 인체 해부학 안내서인 《인체 해부에 관하여(De Humani Corporis Fabrica)》는 어마어마한 영향을 미쳤다. 그 외에도 그는 여러 중요한 발견을 했는데, 특히 심장의 구조 및 기능 그리고 순환계에 대한 발견을 꼽을 수 있다. 그의 이런 놀라운 통찰력만큼이나 중요한 것이 따로 있으니, 바로 그가 '과학적 방법'을 사용했다는 점이다. 이 과학적 방법에서는 과거의 현인들이 지니는 권위보다 실험적 증거가 훨씬 더 중요했다.

하지만 베살리우스의 의술은 그의 경력 내내 상당한 논란을 불러일으켰다. 결국, 그는 서른 살에 해부학을 포기할 수밖에 없었고, 마드리드로 가서 궁정 의사가 되었다. 이후 그가 스페인 귀족의 몸을 해부하던 중에 환자가 갑자기 벌떡 일어나는 소동이 벌어지는 바람에, 스페인 종교재판에 의해 추방당했다는 얘기도 돌아다녔다. 이 소동에 대한 처벌로 그는 예루살렘으로 순례 여행을 떠나야 했는

✽ 관중과 학생들이 지켜보는 가운데 해부를 하는 안드레아스 베살리우스.

데, 그만 배가 난파를 당했고 베살리우스는 그리스의 잔테 섬에서 굶어 죽었다고 한다.

실제로도 베살리우스는 해부 대상자가 정말로 죽었는지를 항상 세밀하게 확인하지는 않았던 듯하다. 한 번은 그가 사고로 죽은 이의 여전히 뛰는 심장을 제거했노라고 직접 설명한 적도 있었다. 이쯤 되면 궁금해지지 않는가. 만약 뛰는 심장이 삶의 요소가 아니라면, 베살리우스의 '죽음'의 정의는 무엇일까 하고.

✝ 왜 제너는 왕립의과대학 입학을 거절당했을까?

천연두는 역사상 가장 많은 이들의 목숨을 앗아간 병 중 하나다. 치료법도 발견되지 않았었기에, 천연두는 거의 모든 역사에서 감염자의 30~50%를 꾸준히 죽였다. 천연두는 매우 전염성이 높으며, 얼굴을 맞대고 접촉하면 쉽게 전파된다. 18세기 인류의 사망원인 중 10분의 1 정도가 천연두였으며, 무려 6,000만 명이 천연두로 목숨을 잃었다. 천연두는 매우 불쾌한 질병이다. 일단 감염되고 나면 며칠 내로 환자의 몸에 보기 흉한 물집 수백 개가 특히 얼굴과 목, 손에 돋아난다. 고열이 따르고 시력을 잃기도 하며, 대개는 10~16일 안에 목숨을 잃는다.

그런데 수백 년에 걸쳐, 사람들은 천연두를 한 차례 앓고 난 이들이 천연두에 면역이 된다는 사실을 알아차렸다. 18세기에 이르러 터키에서 유럽으로 접종(接種, inoculation)이 전파되었다. 당시 터키에서는 약 1세기 이상 접종을 시행해온 터였다. 이 접종법은 우선 천연두에 걸린 사람의 고름을 짜서, 접종을 받는 이의 피부를 긁은 다음 고름을 주입하는 방식이었다. 그러면 고름을 주입받은 이는 대개 가벼운 천연두에 걸리게 된다. 하지만 얼굴에 전혀 상처를 남기지 않으면서도 결국 면역력을 얻는 것이었다. 하지만 이러한 접종법은 위험성이 없는 것은 아니어서, 접종을 받은 이들의 약 2~3%는 온전한 형태의 천연두로 발전해 목숨을 잃었다. 또, 몇몇은 접종 후에 새로이 유행병을 일으킨 주범이 되기도 했다. 그 결과, 접종에 대한 대중의 적개심도 상당했다.

그러다가 18세기 말에 이르러 에드워드 제너(Edward Jenner)라는 영국의 시골 의사가 자신의 고향 글로스터셔의 한 민간요법을 주목했다. 이 마을의 소젖 짜는 처녀들은 유독 아름답고 맑은 피부를 자랑했는데, 이들은 천연두에 걸리지 않는 것이었다. 마을 사람들이 설명해준 이유를 들어봤더니, 이 처녀들은 매일 접촉하는 암소로부터 우두(牛痘, cowpox)에 걸리는데, 그 덕택에 천연두로부터는 보호를 받는다는 것이었다.

1796년 제너는 한 가지 실험에 돌입했다. 그는 제임스 핍스라는 8살 소년을 데려와서, 우두의 농포에서 채취한 고름으로 감염시켰다. 아이는 약하게 앓았지만, 기대한 대로 곧장 회복했다. 완전히 회복하자, 제너는 아이에게 천연두를 주입했다. 하지만 놀랍게도 감염은 일어나지 않았다. 제너가 희망했던 대로 핍스는 천연두에 면역이 된 것이었다. 제너는 이 과정을 '백신 접종(vaccination)'이라고 명명했다. 소를 뜻하는 라틴어 단어인 '바카(vacca)'에서 따온 이름이었다.

제너의 발견이 대중에 알려진 후에도 백신 접종에 대한 반대는 거셌다. 이를 '소의 병을 사람에 감염시키려는 역겹고 부자연스러운 행위'로 여겼기 때문이다. 따라서 제너가 왕립협회에 제출하려던 첫 논문도 거절당했다. 제너는 자신의 주장이 진지하게 받아들여질 때까지 수많은 실험을 시도해야만 했다. 그러나 백신 접종의 효능에 대한 명확한 증거는 끝내 받아들여졌고, 백신 접종은 널리 쓰였다. 1840년 영국 정부는 백신 접종이 마침내 승리했음을 분명히 밝히면서, 기존의 천연두 접종은 금지했다.

사실을 말하자면 제너가 백신 접종을 개발한 것은 아니다. (이 사실을 제너가 알았는지는 모를 일이지만) 그 전에도 다른 나라 의사들이 이를 시도했었으니까. 그렇지만 백신 접종의 효과를 입증하고, 이를 대중화하는 데 성공한 이는 제너였다. 그가 인류 역사상 가장 많은 이들의 목숨을 구한 사람이라는 의미다. 그는 공로를 인정받아 국왕 조지 4세의 특별 의사(Physician Extraordinary)직에 올랐다. 이는 상당한 영예였다. 이제 전 세계가 제너를 치하하게 됐다. 1680년대에 런던에서 발생한 사망의 7~14%가 천연두 때문이었는데, 1850년에는 이 수치가 고작 1%로 줄어들었다.

하지만 여전히 의학계는 다소 냉담했다. 백신 접종의 승리 이후, 제너는 왕립의과대학(College of Physicians in London)에 입학원서를 냈으나, 결과는 불합격이었다. 우선 히포크라테스와 갈레노스의 이론에 대한 시험을 통과해야만 한다는 것이었다. 이런 결정을 들은 제너는 천연두를 정복한 업적만으로도 입학 자격이 충분하다고 생각으로 입학시험을 거부했다. 하지만 이런 주장은 당시 의과대학의 완고한 공룡들에게는 통하지 않았다. 결국, 인류 역사상 가장 많은 이의 목숨을 살린 에드워드 제너는 의과대학의 문턱을 밟지 못했다.

† 그 헝가리 의사는 왜 의학계에서 쫓겨났을까?

이그나즈 제멜바이스(Ignaz Semmelweis)는 1840년대에 오스트리아 빈 종합병원의 산부인과 병동에서 일했다. 당시 그는 '산욕열(産褥熱, puerperal fever)'로 인한 병동의 끔찍한 사망률에 매우 괴로워했다. 이 종합병원의 산부인과는 두 병동으로 나뉘어 있었다. 첫 번째 병동은 남자 의대생들이 운영했고, 두 번째 병동은 고용된 산파들이 운영하고 있었다. 그런데 산파들의 병동보다 대학생이 있는 병동의 사망률이 훨씬 높다는 사실은 잘 알려져 있었지만, 그 이유를 아는 사람은 아무도 없었다. 이런 사실 때문에 임산부들은 목숨이 위태로울 테니까 두 번째 병동으로 들어가게 해달라고 그야말로 빌다시피 했다. 심지어 두 번째 병동에 입실을 거절당하면, 의대 학생들이 있는 첫 번째 병동에 들어가느니 차라리 길거리에서 애를 낳겠다는 임산부도 많았다. 그도 그럴 것이, 이 병동의 치사율은 무려 15%에 달했다.

제멜바이스는 왜 두 병동의 사망률이 그렇게 다른지 알아내기로 굳게 마음먹었다. 하지만 그는 두 병동에서 일하는 의료진이 다르다는 것 빼고는 별 차이점을 찾지 못했다. 그러던 1847년 제멜바이스의 동료인 야코프 콜레츠카가 시신을 부검하다 수술용 메스에 찔리는 사고를 당하게 된다. 콜레츠카는 곧 산욕열과 비슷한 증세를 보인 후 사망했다. 그런데 바로 이 슬픈 소식이 제멜바이스의 위대한 발견에 영감이 될 줄 누가 알았겠는가. 그는 의대생들이 부검하는 과정에서 어떤 식으로든 시체로부터 오염이 되고, 이어 시체 영안실에서 곧장 분만실로 달려가곤 하는 통에 병동의 산모들에게 이 오염을 전파한다는 사실을 깨달은 것이다. 학생들의 병동과는 달리, 산파들은 시체를 만지지 않아 두 번째 병동에서는 이런 식의 감염이 없었다.

제멜바이스는 혁신적인 새 규칙을 만들었다. 이제 모든 의료진은 부검할 때와 살아있는 환자를 치료할 때의 사이사이에 반드시 염소화 석회 용액에 손과 기구를 씻어야 했다. 이 규칙의 효과는 금세 드러났다. 첫 번째 병동의 치사율이 빠르게 떨어져서, 두 번째 병동의 치사율과 비슷해진 것이다. 정말 놀라운 성공이었다.

그러나 제멜바이스의 발견은 몇 가지 이유로 심한 논란을 일으켰다. 첫 번째는 당시의 주류 의학의 관점에서 질병이란 환자가 가진 네 기질 간의 불균형 때문에 발생했다. 즉 모든 질병은 개개인의 영역으로, 환자에 따라 이유가 달라야 했다. 이에 반해 제멜바이스는 더 포괄적으로 눈에 보이지 않는 무언가가 모든 사망의 원인이라 주장한 것이다. 두 번째는 당시 의사들은 질병의 원인이 오염된 공기 속의 독기라고 믿었다. 이런 믿음 때문에 독기가 보이지 않는 소량으로 사람의 손에 묻어 전파되는 방식을 상상할 수 없던 것이다. 마지막으로 가장 중요한 이유는 제멜바이스의 주장에는 '의사가 병을 고치기는커녕 퍼뜨리는 장본인'이라는 암묵적인 의견이 담겨 있었기 때문이다. 이거야말로 이단적이고 위험한 생각이었다. 그 결과 제멜바이스는 의료 기관들로부터 조롱과 비판을 당하고, 결국 빈에서 쫓겨나고 말았다.

그 후 제멜바이스는 지금의 부다페스트인 페스트로 이주했다.

그리고는 성로쿠스라는 자그마한 병원의 산부인과 병동에서 무보수로 근무했다. 그가 병원에 도착했을 때, 산욕열 문제는 손을 쓸 수 없을 지경으로 나빴다. 그러나 제멜바이스는 이를 재빠르고 완전히 퇴치해버렸다. 덕분에 1851~1855년 동안 이 병원에서 산욕열로 인한 사망은 1%도 채 되지 않았다. 그러나 의료계는 이렇게 확실한 제멜바이스의 승리를 여전히 외면했다. 그가 제안한 여러 방법은 무시당했다.

제멜바이스는 분노와 통탄에 빠져, 자신을 비난하는 자들에 격렬하게 반박하는 글을 자주 썼다. 그의 건강은 점점 나빠져 갔고, 태도는 기이해졌다. 급기야 정신병원에 감금되기까지 했다. 그는 어두운 독방에서 구속복을 입은 채로 간수들에게 심하게 구타를 당한 후, 감금된 지 2주 만에 숨을 거뒀다. 정확한 사인은 패혈증(敗血症)이었는데, 산부인과 병동의 산욕열과 같은 증상이었다. 당시 헝가리 의사 협회의 규칙은 회원이 사망할 경우 기념사로 추모해야 했다. 하지만 제멜바이스의 사망은 무시당했고, 어떤 동료도 그의 장례식에 찾아오지 않았다.

하지만 제멜바이스는 사후에 의학계에 대한 중대한 기여를 인정받았다. 오늘날 제멜바이스는 소독학(I消毒學, antiseptic medicine)의 선구자로 여겨지고 있다. 오스트리아와 헝가리의 많은 의료 기관들은 명칭에 그의 이름을 넣어 그를 기리고 있다.

† 피부색 때문에 수혈을 거부당해 죽은 흑인 의사

찰스 드루(Charles Drew)는 1904년 워싱턴 DC에서 태어난 미국 의사로, 수혈 분야에서 내로라하는 연구원이었다. 그는 혈액을 보관하는 새로운 기술을 개발했는데, 이 기술은 새로운 대형 혈액은행이 탄생하는 데 일조했으며, 이 혈액은행은 제2차 세계대전에서 수천만 명의 목숨을 구할 수 있었다. 또 그는 '영국인을 위한 헌혈(Blood for Britain)'이라는 운동의 회장을 맡아서 적극적으로 활동했다. 영국을 돕기 위해 6,860ℓ의 혈장을 모으기를 관장한 것이다. 그런데 당시에는 흑인 기부자와 백인 기부자의 혈액을 따로 보관하는 관행이 있었다. 드루는 전적으로 인종 편견에 근거를 두고 과학적인 이점도 없는 이 관행에 반대하는 캠페인을 펼쳤다. 1943년 드루는 흑인으로는 처음으로 미국 외과위원회(American Board of Surgery)의 검사관으로 선출되는 영예를 안았다.

1950년 4월 1일 오전 8시경, 드루는 차를 몰고 집으로 향하고 있었다. 앨라배마주 터스키기에 있는 한 무료 진료소에서 밤새도록 일하고 오는 길이었다. 밤샘 작업에 지친 그는 그만 충돌 사고를 내서 자신과 차에 타고 있는 세 동료가 모두 다치게 되었다. 동료들은 다행히 부상이 가벼웠지만, 드루는 한쪽 발이 브레이크 페달 밑에 낀 채로 부서진 차체에 갇히고 말았다. 이윽고 구급대원들이 도착했을 때, 드루는 심각한 다리 부상을 동반한 쇼크 상태였다. 그는 노스캐롤라이나주 벌링턴의 앨러먼스 종합병원으로 이송되었다. 그리고 사망진단을 받았다.

그런데 드루의 사망에 관한 속설이 널리 퍼졌다. 드루가 피부색 때문에 치료를 받지 못했다는 요지다. 이 버전에 따르면 매우 아이로니컬하게도 수혈의 선구자인 드루가 수혈을 거부당했고, 결과적으로 출혈이 심해 사망에 이르렀다는 것이다. 흑백을 분리해놓은 당시 병원들의 부끄러운 관행을 꼬집는 것이다.

하지만 이런 이야기는 극적인 힘은 있을지 몰라도 거짓으로 보인다. 당시 드루의 차에 타고 있던 동료 의사 존 포드의 말을 들어보자. "우린 그날 밤 최상의 치료를 모두 받았어요. 의사들은 곧바로 우리를 치료하기 시작했죠. 사실 포드의 얘기로는 드루의 부상이 너무 심해 수혈을 받으면 되레 해가 되었을 거라고 한다. "드루는 상대정맥 증후군이란 걸 앓고 있었어요. 뇌와 팔에서 심장으로 되돌아가는 혈액이 꽉 막혀 버린 겁니다. 그러니 수혈을 받았으면 오히려 더 일찍 사망했을 거예요. 아무리 용감하게 노력했어도 그를 살릴 수는 없었을 겁니다. 진심으로 말하는데 드루를 살리기 위해 어떤 노력도 아끼지 않았습니다. 세간의 소문과는 달리 그가 흑인이었다는 사실 때문에 치료가 제한되거나 하지는 않았어요."

이 이야기는 전설적인 블루스 가수 베시 스미스(Bessie Smith)에 관한 도시 괴담과 비슷하다. 스미스가 교통사고로 죽은 이유는 백인 전용 병원에서 그녀의 치료를 거부했기 때문이라는 얘기 말이다. 그러나 사실 당시 사고 현장에는 흑인 전용 병원과 백인 전용 병원에서 각각 보낸 구급차 두 대가 기다리고 있었다. 스미스는 미시시피주 클락스데일에 있는 G.T. 토머스 흑인병원으로 이송됐고 그 병원에서 사망했다. 그녀가 백인 병원으로 가서 치료를 받지 못했다는 가정도 충분히 있을 법한 일이지만, 그런 일은 실제로 일어나지 않았다. 베시 스미스는 클락스데일 병원에서 오른쪽 팔의 절단 수술을 포함해 제대로 치료를 받았다. 하지만 부상이 너무 심해서 병원에서 숨을 거두었을 뿐이다.

✝ 진짜 셜록 홈스는 누구였을까?

셜록 홈스를 만들어낸 아서 코넌 도일(Arthur Conan Doyle)은 에든버러대학교에서 의학을 공부했다. 그를 가르쳤던 스승 중 한 명이 바로 탁월한 의사 조셉 벨(Joseph Bell)이다. 벨은 어린 도일에게 결정적인 영향을 미쳤다. 2학년이 되어 코넌 도일은 에든버러 왕립병원에서 벨의 외래 진료 보조원으로 뽑힌다. 덕분에 벨의 진단법을 가까이서 관찰할 수 있었다. 벨은 키가 크고 말랐으며 날카로운 녹색 눈과 큰 매부리코를 가지고 있었다.

벨은 사람들의 말씨나 옷차림, 걸음걸이, 혈색 같은 작은 요소로 놀라운 판단을 이끌어낼 정도로 질병 진단에 천부적인 재능을 가진 의사였다. 이렇게 환자를 진단함으로써 그는 관찰의 중요성에 대해 학생들에게 큰 인상을 남겼다. 하루는 어떤 환자가 교실에 들어오자 벨은 대뜸 그 남자가 최근에 제대한 하사관이라고 말한 적이 있다. 그뿐만 아니라 그가 바베이도스에 주둔한 하일랜드 연대 소속이라는 것까지 척척 맞췄다. 벨은 자신의 유추를 이렇게 설명했다.

"제군들, 저 환자는 예의가 바르지만 모자를 벗지 않았네. 군대에서는 모자를 벗지 않지. 만약 제대한 지 오래되었다면 민간인의 방식을 익혔을 것 아닌가. 또 권위 있는 태도로 보아 스코틀랜드인이 틀림없네. 그리고 상피병을 호소하고 있으니 영국이 아닌 서인도의 바베이도스와 관련이 있는 거지."

이와 비슷한 천재적인 유추 능력이 코넌 도일의 영원한 인기작 셜록 홈스에도 꾸준히 등장한다. 예를 들어《주홍색 연구(A Study in Scarlet)》라는 작품에서 홈스와 그의 조수인 왓슨이 처음 만나는 장면

이 등장하는데, 이 장면은 앞서 언급한 벨의 설명과 놀랍도록 비슷하다. 왓슨을 처음 본 홈스는 이렇게 말한다. "보아하니, 아프가니스탄에서 오셨군요." 왓슨은 누군가 그 사실을 홈스에게 귀띔한 것으로 생각하지만, 명탐정 홈스는 이렇게 설명한다.

"그런 것 들은 바 없어요. 아프가니스탄에서 오신 걸 어떻게 알았냐고요? 내 마음을 꿰뚫는 생각은 습관적으로 너무 빨라서, 중간 단계 다 빼고 곧장 결론에 도달했습니다. 하지만 뭐, 그런 단계가 있긴 했지요. 제 추리는 이랬습니다. '여기 의사 타입의 신사분이 있는데, 군인 티가 나는군. 그럼 분명히 군의관이겠지. 얼굴이 검게 탄 걸 보니, 열대 지방에서 막 돌아왔군. 손목은 흰 걸 보니, 원래 피부가 검은 편은 아니고 말이야. 근데 얼굴이 수척한 걸 보니 병에도 걸렸었고, 고생도 많이 했군. 그리고 왼팔의 움직임이 뻣뻣하고 부자연스러운 게, 아마 왼팔을 다쳤어. 영국 군의관이 그렇게 팔을 다치면서 고생할 열대 지방이 어디일까? 아프가니스탄이 틀림없지.' 이런 연속적인 생각이 1초도 걸리지 않았죠. 그다음 아프가니스탄에서 오셨냐고 여쭸더니 선생님은 깜짝 놀라신 겁니다."

그러자 어리바리한 왓슨은 이렇게 대답한다. "정말 설명하신 대로 깔끔하군요."

코넌 도일의 서신들을 보면 셜록 홈스라는 인물을 만드는 데 영감을 준 사람이 벨이라는 것을 알 수 있다. 셜록 홈스로 명예와 성공을 거머쥔 뒤, 도일은 옛 스승인 벨에게 편지를 썼다. "셜록 홈스는 전적으로 선생님 덕분입니다. 물론 제 마음대로 이야기 속 셜록 홈스를 온갖 극적인 상황에 빠뜨리지요. 하지만 홈스의 추론 능력은 선생님이 외과 병동에서 보여주신 능력에서 결코 과장된 바가 없다고 생각합니다."

그러자 사람 좋은 벨은 이렇게 답했다. "글쎄, 자네 자신이 셜록 홈스라는 것을 잘 알고 있지 않은가."

† 소독약은 누가 발명했을까?

영국 외과의 조셉 리스터(Joseph Lister, 1827~1912년)는 '소독 수술(sterile surgery)'이라는 개념에 선구적인 역할을 했다. 그는 글래스고 왕립병원에서 일하는 동안 소독 수술이란 정책을 추진했다. 그러니까 수술실에 석탄산 용액을 뿌리고, 같은 용액으로 수술 도구와 붕대, 심지어 환자의 상처까지 소독하는 것이었다. 리스터의 위생 개혁 덕분에 수술 후의 감염과 사망률은 극적으로 감소했고, 그의 주장은 널리 수용되었다.

물론 리스터가 소독 수술이라는 개념의 선구자이지만, 파스퇴르의 세균이론이 발견되기도 훨씬 전 이미 고대부터 다양한 방법의 소독이 존재해왔다. 예를 들어 고대 사회에서는 고기를 밖에 내걸어 햇빛이나 은은한 숯불에 말렸는데, 이렇게 하면 고기의 부패를 훨씬 더 오래 막을 수 있다는 걸 배웠기 때문이다. 또 고대 이집트인들은 미라를 보존할 때 연기나 방부처리용 화학물질 등을 이용하고, 무덤을 건조하게 유지했다. 세균을 퇴치하려는 목적이었다. 그 외의 여러 초기 문명에서는 상처와 염증에 자연적인 소독 효과가 있는 타르와 석유를 발랐다. 예컨대 기원전 약 800년경 고대 인도 의사인 수슈루타는 수술 전후로 수술실에 향을 피워 소독하는 것을 권장했다. 또 물을 구리 용기에 담아 숯으로 여과시키고, 열기에 노출해 깨끗이 보관하라고 권하기도 했다. 이런 여러 소독 기술이 리스터의 시대 이전에도 쓰였지만, 파스퇴르의 세균이론을 수술 환경의 개선에 처음으로 접목한 사람은 바로 리스터다. 따라서 '소독의 아버지'라는 리스터의 명성은 타당한 것이다.

리스터의 소독에 대한 접근법은 당시에는 자못 혁명적이었다. 하지만 요즘의 관점에서 본다면 그의 수술실조차 딱히 청결해 보이지는 않는다. 물론 리스터는 수술대 주위를 청결하게 유지하려고 노력했지만, 수술실 전체는 병원의 다른 시설과 별반 차이가 없었다. 리스터 자신도 매일 같은 수술용 앞치마를 썼다. 앞치마에는 피가 두

껍게 굳어있어 반짝거릴 정도였다고 한다. 반면, 오늘날의 수술은 '방부(防腐)나 소독(antisepsis)'보다는 '무균(無菌., asepsis)'의 원리를 따른다. 그러니까 단순히 수술과정에서 세균을 없애는 개념이 아니라, 미리 수술실과 도구들에 세균이 완벽하게 없도록 준비하자는 얘기다.

✝ '기니피그 클럽'이 뭐지?

기니피그 클럽(Guinea Pig Club)은 제2차 세계대전 당시 런던의 이스트 그린스테드(East Grinstead)에 위치한 퀸 빅토리아 병원에서 함께 치료를 받은 화상 환자들의 모임이다. 이들 환자의 대부분은 전투기와 폭격기의 조종사였고, 주로 얼굴이나 손에 심각한 화상을 입고 고통받았다. 기니피그 클럽은 의사인 아치볼드 매킨도(Archibald McIndoe)가 운영한 프로그램으로, 그는 이 프로그램을 위한 헌신적인 노력으로 기사 작위까지 받았다. 어쨌거나 이 부상병들이 기니피그 클럽으로 불린 것은 당시 이들이 받았던 재건 성형수술의 대부분이 새롭고 실험적이었기 때문이다. 전쟁 전에는 심한 화상으로 고통받는 환자가 살아남을 가능성은 매우 제한적이었으며, 매킨도가 집도한 많은 수술은 전례가 없는 것들이었다.

기니피그 클럽은 1941년에 공식적으로 창립되었는데, 39명의 환자로 구성되었다. 적어도 10번의 수술을 거친 환자에게만 회원이 될 자격이 주어졌다. 외관이 흉하게 망가져버린 회원들도 많았다. 그중 비행기에서 사수(射手)였던 레즈 월킨스는 얼굴과 양손을 이미 잃은 상태였는데, 매킨도는 그의 손가락을 재건하기 위해 손가락 마디 사이를 절개해야 했다.

오늘날 매킨도는 성형수술 분야의 선구자로 여겨진다. 그의 혁신과 발명이 성형수술에 눈부신 발전을 가져왔기 때문이다. 하지만 기니피그 클럽이 유명했던 것은 환자들의 간호와 재활에 대한 매킨도의 신선한 접근법 때문이기도 했다. 병원에서 기나긴 시간을 보내야할 환자가 많다는 것을 안 그는 병원 분위기를 최대한 여유롭고 공동체적으로 만들고자 노력했다. 우선 환자들은 '요양 우울증'을 가져오는 일반 환자복을 입지 않아도 되었다. 심지어 아무 때나 병원을 나갈 수도 있었다. 병동에는 항상 맥주 통을 여러 개 갖다 놓았다. 그리고 매킨도는 마을 주민들이 환자들을 손님으로 초대하도록 독려했다. 화상 환자들은 망가진 외모 때문에 낯선 사람을 마주하는 것이 가장 힘든 노릇이었다. 하지만 이러한 노력 덕분에 이스트 그린스테드는 '상대를 뚫어지라 쳐다보지 않는 마을'이라는 명성을 얻게됐다.

이런 환경 속에서 싹튼 유머 감각과 유대감은 여러 방면으로 입증됐다. 이 모임의 이름을 기니피그 클럽으로 지을 수 있던 것도, 스스로가 실험적인 수술 기법을 위한 기니피그 같다는 인식을 쾌활하게 받아들였기에 가능했다. 클럽의 운영진을 뽑을 때도 유머 감각은 돋보였다. 환자들은 일부러 손가락에 심한 화상을 입은 사람을 서기로 뽑았는데, 그래야 회의록을 너무 길게 쓰지 못할 것으로 생각했기 때문이다. 또 총무는 다리에 심한 화상을 입은 조종사였는데, 서기와 마찬가지로 그래야만 클럽의 운영자금을 들고 쉽게 도망가지 못할 것으로 생각했기 때문이었다. 심지어 가벼운 내용의 클럽 주제가도 있었는데, 그 1절은 다음과 같다.

> 우리는 매킨도의 군대.
>
> 우리는 그의 기니피그.
>
> 피부며 다리를 붙이고
>
> 유리 눈알과 틀니에다 가발을 착용하지.
>
> 그리고 마침내 제대할 때면
>
> 젖먹던 힘을 다해 소리칠거야.
>
> '고난을 넘어 별을 향해서'
>
> 싸우느니 차라리 술이나 마시지!

전쟁이 끝난 후에도 클럽 회원들은 계속 끼리끼리 모였다. 이즈음엔 약 600명 이상의 회원으로 이뤄져 있었다. 2007년까지는 해마다 정기 모임도 열었다. 하지만 이제 생존자가 고령인 데다 쇠약해져,

아마도 더 이상의 정기 모임은 힘들어 보인다.

✳ 기니피그 클럽과 피아노 앞의 아치볼드 매킨도.

✝ 현대 의학의 궤도를 바꿔 놓은 단 하나의 급수 펌프

콜레라는 19세기의 저주였다. 원래 콜레라는 인도의 풍토병으로 오염된 갠지스강을 타고 퍼진 것으로 추정된다. 하지만 1816년부터 콜레라는 아시아 전역의 무역로를 따라 퍼지며 그 범위를 확장하기 시작했다. 최초의 콜레라 팬데믹은 10년을 끌다가 1826년에야 끝났는데, 유럽까지 휩쓸 기세였으나 때맞춰 물러 가버렸다. 하지만 1829

년에 시작된 두 번째 팬데믹은 아시아 전역으로 퍼져나간 뒤, 이집트와 북아프리카, 러시아로 번져 마침내 서유럽에 도착했다. 그 후 19세기 내내 콜레라 팬데믹은 몇 차례나 재발했고, 인도에서만도 무려 3,800만 명에 이르는 사망자를 낼 정도였다.

콜레라로 인한 죽음은 정말로 끔찍했다. 환자들은 갑작스럽게 메스꺼움을 느끼고 이어지는 심한 구토와 설사에 시달렸다. 대변은 '미음(米飮)'이라고도 표현되는 회색빛 액체처럼 변해가다가 끝내는 액체와 내장의 파편밖에 남지 않게 되었다. 이런 상태가 되면 극심한 복통이 시작되고 참을 수 없는 목마름을 느낀다. 환자가 사망에 가까워지면 오그라들고 푹 패인 얼굴에다 파랗게 질린 입술이라는 콜레라의 전형적인 징후를 보인다.

누구도 콜레라의 원인이 무엇인지, 그리고 어떻게 퍼지는지 정확히 알지 못했다. 런던에서는 1832년 이후 몇 차례나 콜레라가 발생하여 수십 명에서 많게는 수천만 명의 사망자를 냈다. 그런데 1854년 런던 소호의 자그마한 동네인 브로드 스트리트(지금의 브로드윅 스트리트)에서 심각한 콜레라가 발생했다. 당시 런던에서 활동하고 있던 존 스노우(John Snow)라는 의사는 '독기(毒氣)' 이론에 회의적이었다. (앞서 설명했듯, 독기 이론은 질병이 오염된 공기 속 독성을 타고 퍼진다는 이론이다) 그는 소호의 콜레라를 연구하다가, 환자 대부분이 브로드 스트리트에 있는 어떤 급수 펌프 근처에서 발생한 것을 알아차렸다. 다른 급수 펌프와 가까운 집들의 사망자는 겨우 10명에 불과했다. 그런데 놀랍게도 이 10명의 사망자 역시 브로드 스트리트의 급수 펌프에서 물을 가져다 마신 것이었다. 그 급수 펌프의 물맛을 더 좋아했거나 아이들이 근처의 학교에 다녔기 때문이다.

스노우는 문제의 급수 펌프와 그 안의 물을 자세히 관찰했으나, 명확한 콜레라의 근거는 찾지 못했다. 그러나 물질적인 증거는 찾지

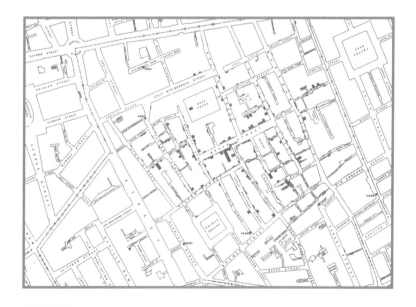

❋ 존 스노우의 소호 콜레라 발병 지도. 발병 건은 브로드 스트리트의 급수 펌프 주변에 군집해있다.

못했어도 스노우의 통계적, 지리적 분석은 지방 의회에 펌프를 제거하도록 설득하기에 충분했다. 급수 펌프의 손잡이만 제거하면 되는 너무나도 간단한 일이었으며, 이 조치만으로도 브로드 스트리트의 콜레라는 막을 내렸다. 나중에야 드러난 일이지만, 이미 콜레라에 노출된 오물통이 있었는데, 인분이 줄줄 새는 그 오물통에서 불과 1m 떨어진 곳에다 브로드 스트리트의 급수 펌프에 물을 공급하는 우물을 팠다는 얘기다.

스노우의 콜레라 조사는 질병이 공기 중 독기가 아니라 인분으로 오염된 물을 통해서 전파될 수 있음을 강하게 시사했다. 물론 그의 발견이 의학계에 곧장 수용된 것은 아니었다. 하지만 인간집단 내에서 발생하는 질병의 원인, 전파, 통제를 연구하는 전염병학 분야에서는 지금도 스노우의 콜레라 발병에 대한 분석을 분수령처럼 여기고 있다. 현재 브로드윅 스트리트에는 스노우의 업적을 기리기 위한 급수 펌프 모형이 세워져 있다. 역시 그의 이름을 딴 선술집 바로 옆에 말이다.

† 배리 의사 선생님에겐 뭔가 특별한 것이 있다?

19세기 외과의 제임스 배리(James Barry)는 영국군 소속의 저명한 군의관이었다. 그는 에든버러 대학교를 졸업하고 캐나다와 인도, 남아프리카에서 복무했다. 그러면서 감찰 장교 계급까지 올랐다. 한편, 그는 병사들만이 아니라 민간인의 삶의 질을 개선하고자 했던 열정적인 개혁가로도 명성이 자자했다. 예컨대 그는 나병 환자와 죄수들을 위해 양질의 음식과 보살핌을 제공하자는 캠페인을 벌였다. 또 1826년에는 산모와 아기가 모두 생존한 제왕절개 수술에 성공한 영국의 첫 의사가 되었다. 그런데 배리는 무척 성격이 불같기로 정평이 나 있었다. 그는 실제로 결투도 몇 번씩 벌였고 체포되어 징계를 받기도 했다. 플로렌스 나이팅게일(Florence Nightingale)은 배리를 두고 "내가 군에서 만나본 사람 중 가장 고집이 센 위인"이라 평했다. 크림 전쟁 중에 코르푸(Corfu) 지역에서 둘이 마찰을 빚은 후의 일이었다.

1865년에 배리는 유행성 이질에 걸려 런던에서 숨을 거뒀다. 그런데 장례를 치르기 위해 그의 시신을 단장하던 소피아 비숍(Sophia Bishop)이란 하녀가 놀라운 발견을 하게 된다. 배리는 '완벽한 여성'이었던 것이다. 그뿐인가, 배의 임신 선으로 보아 출산까지 한 여성이었다. 그렇다면 배리는 영국 역사상 최초의 여성 의사였다는 뜻이요, 무려 50년이 넘도록 부하직원과 동료들에게 자신의 진짜 성을 숨기고 있었다는 뜻이다.

사실 그녀의 주변에 그녀를 의심했던 이들은 있었다. 1824년 배리가 남아프리카의 식민지에 배치되었을 때 그녀는 식민지의 사령

관이었던 서머싯 경(Lord Somerset)과 긴밀한 사이로 보였다. 이 관계가 동성애라는 비난이 일었을 정도였다. 또 배리의 동료들은 그녀의 미끈한 턱과 작은 몸집, 높은 목소리 톤도 익히 알고 있었다. 그녀는 어깨에 패드를 덧대고 굽이 높은 신발을 신었다고 한다. 앨버말 경(Lord Albemarle)은 그녀에 대해 이렇게 주장하기도 했다. "어쩐지 약간 여성스러운 태도를 보이더라니." 배리가 죽고 나서 그녀의 진실이 만천하에 드러나자, 몇몇 동료들은 그걸 진작부터 알아봤다고 주장했다.

그러면 배리는 어쩜 그렇게 오래도록 감쪽같이 변장할 수가 있었을까? 최근 그 답이 배리의 가문에 내려오는 서신 모음에서 발견됐다. 그녀의 가족은 그녀가 에든버러 대학교에 입학허가를 받기 전부터 아주 정교한 계략을 세울 수 있도록 도와주었다. 그녀는 코크 지방에서 대략 1792~1795년에 마거릿 벌클리(Margaret Bulkley)라는 이름으로 태어났다. 그녀의 부친이 사망하자 가족들은 곤궁에 처했다. 이후 마거릿은 어머니와 함께 런던으로 이주해서 그녀의 재능을 펼치기 위한 계획을 짜기 시작했다. 그러면 어머니와 자신의 살림도 꾸려나갈 수 있을 터였다.

당시에는 남자들만 의학을 공부하고 의사가 될 수 있었다. 하지만 다행히 그녀 주변의 영향력 있는 지인들 덕분에 마거릿은 사적으로 의학 공부를 시작할 수 있었다. 1809년 그녀는 어머니와 함께 스

코틀랜드행 선박에 올랐다. 마거릿은 갑판에 오르기 전 자신의 신분을 숨기고 남장을 했다. 그리고 항해 동안 자신을 제임스 배리라고 소개하며 다녔다. 육지에 도착했을 때 신분이 들통나지 않게 하기 위해서였다. 스코틀랜드행 배에 오른 순간부터 그녀는 줄곧 남성의 삶을 살았던 것으로 보인다. 그리고 죽음에 이르러서야 꼭꼭 감춰둔 진실이 드러난 것이었다.

† DNA 구조를 발견한 사람은 조롱당한 여성 과학자?

문제의 여성 과학자는 로절린드 프랭클린(Rosalind Franklin)이다. 사실 DNA 발견이라는 중요한 사건에 프랭클린이 얼마나 공을 세웠는지는 아직 논란의 여지가 있다. 하지만 그녀가 핵심적이지만 평가절하당한 역할을 해냈다는 점은 부인할 사람이 별로 없다.

프랭클린은 뛰어난 생물학자이자 화학자였다. 그녀는 파리의 국립화학중앙연구소에서 엑스레이(X—ray) 회절(回折, diffraction) 기술을 배웠다. 그 후 1951년 킹스 칼리지 런던의 연구팀에 합류했다. 그런데 당시 이 대학교에서는 여성을 은근하게 깔보는 성차별적인 태도가 만연했다. 가령 남자들만 교직원 식당에 드나들 수 있는가 하면. 일과가 끝난 후에 프랭클린의 동료들은 남성 전용 선술집에 가서 느긋하게 휴식을 취했다.

킹스 칼리지 런던에서 프랭클린은 DNA 구조 연구 프로젝트를 주도했다. 당시 동료인 모리스 윌킨스(Maurice Wilkins)도 그녀의 연구와 비슷한 프로젝트를 별도로 진행 중이었다. 둘의 직책은 동급이었지만 윌킨스는 프랭클린을 자신의 기술 보조원쯤으로 여겼다. 덕분에 둘의 사이는 시작부터 냉랭하기 이를 데 없었다.

이 시기에는 DNA의 존재와 유전자의 저장창고라는 DNA의 역할에 대해 상당히 많이 알려져 있었다. 하지만 DNA 분자가 어떻게 생겼으며, 그것이 어떻게 기능하는지는 알려지지 않은 상태였다. 프랭클린은 '결정학적 엑스레이 촬영(Crystallographic X—Ray Photography)'이라는 선구적인 기법을 이용해 복잡한 DNA 이중나선의 놀라운 사진들을 찍었다. 이 사진들은 '여태껏 찍힌 모든 물질 중 가장 아름다운 엑스레이 사진'이라고 묘사될 정도였다.

하지만 윌킨스는 이 사진들을 프랭클린의 동의도 없이 동료 제임스 왓슨(James Watson)에게 보여주었다. 왓슨은 당시 케임브리지 대학에서 프랭클린과 비슷한 연구를 하고 있었다. 그런데 프랭클린의 연구와 그녀의 DNA 사진들은 왓슨이 자신의 DNA 모델을 완성하기 위한 결정적인 단서였다. 왓슨은 재빨리 과학 저널인 〈네이처(Nature)〉에 자신의 DNA 모델에 대한 논문을 게재했다. 그리고 저자명에 자신과 동료 프랜시스 크릭(Francis Crick)의 이름을 올렸다. 프랭클린과 윌킨스의 연구는 고작 각주에 어렴풋이 언급됐을 뿐이었다. 프랭클린과 윌킨스의 개별 연구도 〈네이처〉의 같은 호에 실렸는데, 그 게재 방식이 프랭클린의 연구는 별로 중요치 않다는 인상을 부추겼다. 왓슨과 크릭의 논문이 맨 앞, 그 뒤에 윌킨스의 논문, 그리고 프랭클린의 논문은 맨 뒤에 실렸기 때문이다.

킹스 칼리지를 떠나 다른 기관으로 옮긴 프랭클린은 담배 모자이크 바이러스와 소아마비 병원체 분야에서 또 혁신적인 연구를 이어갔다. 그러던 1956년 프랭클린은 난소암에 걸려 사망하고 만다. 어쩌면 그녀는 DNA의 구조를 밝히는 엑스선 기술 연구 동안 방사선에 노출되어 암에 걸린 것일지도 모른다. 그녀의 사후에 제임스 왓슨은 《이중나선(The Double Helix)》이라는 책을 펴냈는데, 여기서는 프랭클린이 그저 스치듯이 그것도 다소 모욕적인 내용으로 언급될 뿐이었다. 책에서 그는 프랭클린이 윌킨스의 조수이며 자신의 데이터도 제대로 해석할 줄 모른다고 암시했기 때문이다. 1962년에 왓슨과 크릭, 윌킨스가 노벨상을 받을 때도 프랭클린은 언급조차 되지 않았다.

다행히 최근에는 DNA 연구에 대한 프랭클린의 기여가 점점 인정받는 추세다. 런던의 국립초상화미술관에는 프랭클린의 초상화가 왓슨과 크릭, 윌킨스의 초상화 옆에 나란히 걸려 있다. 1992년에는 사적(史跡) 보호단체인 잉글리시 헤리티지 트러스트에서 프랭클린의 어린 시절 자택에 블루 플라크(Blue Plaque)라는 파란 명판을 달아주기도 했다. 또 2003년에는 영국학술원이 자연과학, 공학, 기술 분야에 뛰어난 공헌을 한 사람에게 수여하는 '로절린드 프랭클린 상(Rosalind Franklin Award)'을 설립하기도 했다. 2009년에는 〈뉴 사이언티스트〉 저널의 독자들이 프랭클린을 1위 마리 퀴리에 이어 '가장 영감을 주는 여성 과학자' 2위로 뽑았다.

† 뒤퓌트랑 남작은 왜 시체에서 지방을 빼갔을까?

기욤 뒤퓌트랑 남작(Baron Guillaume Dupuytren, 1777~1835년)은 당대를 대표하는 프랑스 외과의로, 기민함과 탁월한 수술법으로 명성이 자자했다. 뒤퓌트랑은 나폴레옹 보나파르트의 치질을 치료했으며, 또 두개골에 작은 구멍을 뚫는 '두개골 천공(Trepanation)'을 사용하여 뇌농양(腦膿瘍)을 성공적으로 제거한 최초의 의사이기도 했다. 게다가 왕성한 작가이기도 했으며, 살면서 엄청난 부를 축적했다.

지금까지도 뒤퓌트랑은 '뒤퓌트랑 구축(拘縮, Dupuytren's Contracture)'이라는 증상으로 기억되곤 한다. 손가락이 손바닥 안쪽으로 굽어서 똑바로 펴지지 않는 증상이다. 뒤퓌트랑은 이를 바로잡기 위해 처음으로 수술법을 고안하고 성공한 의사다. 뒤퓌트랑 자신도 손이 잘 펴지지 않는 증상이 있었다고 하니 묘한 아이러니다.

소문에는 그가 의과 대학생일 때 해부실에서 시체의 지방을 추출해 자신의 책상 램프 연료로 썼다고 한다. 뒤퓌트랑은 널리 존경을 받았지만 동시에 미움도 많이 받았다. 오만하고 불친절하며 강박적인 면도 있었기 때문이다.

한 번은 그가 어떤 공작부인의 목숨을 살려준 적이 있었다. 공작부인은 그에게 감사의 표시라며 손으로 수를 놓은 아름다운 지갑을 선물했다. 그런데 뒤퓌트랑은 "진료비는 오천 프랑입니다"라고 톡 쏘아붙였다는 것이다. 그러자 공작부인은 건네받은 지갑을 열어서 천 프랑짜리 지폐 다섯 장을 빼내고는 다시 그에게 지갑을 돌려주었다. "이제 정확히 요구하신 금액이 지갑에 들어있군요"라고 그녀는 말했다. 미소를 머금은 채, 진료비가 저렴하다는 칭찬도 빼놓지 않았다.

6

나쁜 의학

진료실에 놓아둔 식물이 죽어 있는 의사에게는 절대 진찰을 받지 마라.

— 어마 봄벡(Erma Bombeck), 미국의 유머 작가

✝ 살인마 '잭 더 리퍼'가 외과의라고?

잭 더 리퍼(Jack the Ripper)는 세계에서 가장 악명 높은 연쇄살인마 가운데 한 명이다. 아직도 풀리지 않은 채 남아 있는 일련의 살인은 범죄의 연대기를 통틀어 가장 난해하고 흥미로운 사건으로 남았다. 그는 (그가 여자라고 주장하는 이들도 있지만) 1888년에서 1891년까지 대략 5~11건의 살인을 저질렀다. 모두 런던 이스트 엔드 지구의 빈민가인 화이트채플에서 벌어졌다. 하지만 이들 범죄의 세세한 사항에 대해서는 상당한 논란이 계속되고 있다.

만약 모두가 동의하는 사실이 있다면, 그건 1888년 8월에서 11월 사이에 일어난 '표준 희생자 5인(Canonical Five)'이라고 알려진 다섯 건의 살인을 리퍼가 저질렀다는 정도다. 이 다섯 희생자는 메리 앤 니컬스(8월 31일), 애니 채프먼(9월 8일), 엘리자베스 스트라이드와 캐서린 에도우슨(9월 30일), 그리고 메리 제인 켈리(11월 9일)였다. 모두 매춘부였으며 목을 난자당하고 신체가 끔찍스레 절단된 상태였다(엘리자베스 스트라이드만은 예외였는데 아마도 리퍼가 범죄 행각 중에 방해를 받고 도망간 것으로 보인다).

역사상 가장 큰 수사 규모였음은 물론이거니와, 심지어 '리퍼 연구학(Ripperology)'이라는 독자적인 학문 분야를 탄생시킬 정도로 수많은 신문기자, 학자, 아마추어 수사관들의 끊임없는 노력이 더해졌음에도, 이 살인들은 모두 영구 미제로 남았다. 여태껏 리퍼 연구학자들에 의해 용의자로 지목된 자만도 100명이 넘는다. 물론 그 100명 중 당시 경찰이 신빙성 있다고 본 사람은 하나도 없었지만. 그 외에 잭 더 리퍼 살인 사건에 얽힌 흥미로운 음모론도 무척 다양하다.

하지만 위 질문에 답을 구하기 위해, 흥미진진하고도 세세한 사항은 바로 리퍼의 의학 지식과 관련된다. 사건 당시 경찰을 포함한 전문가들은 리퍼가 푸줏간 주인이나 도살업자, 혹은 일종의 의료인이라고 확신했다. 희생자를 공격하고 신체를 절단하는 속도나 기술이 놀라웠기 때문이다. 우선 5명 중 4명의 배가 열려 있었다. 또 리퍼는 애니 채프먼의 자궁을 끄집어내고 메리 제인 켈리의 심장도 도려냈다. 캐서린 에도우슨의 경우는 자궁과 왼쪽 신장이 사라져버렸다. 나중에 이 왼쪽 신장의 반은 경찰을 조롱하는 편지와 함께 경찰에게 배달됐는데, 범인은 편지에서 자기가 나머지 반쪽을 먹었다는 말도 적었다. 한편, 일부 목격자들이 어느 범죄 현장에서 "초췌하고 점잖은 남자가 반짝이는 검은 가방을 들고 있었다."는 진술을 해서, 범인이 의료인이 아니냐는 의혹이 더 커졌다. 경찰은 동네의 모든 푸줏간 주인과 도살업자들을 심문했지만 모두 알리바이가 있었으므로 수사에서 제외되었다. 그 결과 몇 명의 의사들이 오랫동안 핵심 용의자들로 주목받아왔다. 그럼, 어떤 사람들이 거기 포함되었을까?

첫 번째는 미국인 돌팔이 의사 프랜시스 텀블티(Francis J. Tumblety). 그는 미국과 캐나다를 돌며 '인디언' 약초를 판매한 전력이 있었다. 또 링컨 대통령의 암살에도 관여한 것으로 체포되었으나 기소되지는 않았다. 텀블티는 1888년 당시 영국에 있었고, 런던 경찰청이 리퍼 사건의 주요 용의자 중 한 명으로 그를 지목했다. 그는 1888년 11월에 '외설죄' 명목으로 체포되었다. 당시 외설죄란 아마도 동성애를 의미했던 것 같다. 그는 곧장 영국에서 도망쳤는데, 그가 사라진 시점이 우연히도 리퍼 살인 사건이 끝난 시점과 일치했다. 덕분에 그에 대한 의혹은 더 커졌다.

두 번째 주요 용의자는 마이클 오스트로그(Michael Ostrog). 그는 러시아 태생의 사기꾼으로, 사기와 좀도둑질을 저지른 전과가 있었다. 하지만 특별히 폭력적인 전적은 없었다. 하지만 그는 러시아 군대에서 외과의로 일했다고 주장했다.

다음은 조지 채프먼(George Chapman)이다. 그는 폴란드 태생으로 본명은 세베린 클로소브스키였다. 그는 조지 채프먼으로 개명한 뒤 1887~1888년경에 영국으로 이주했다. 사실 그는 확실한 살인범이었다. 자신의 세 부인을 독살했고 그 때문에 1903년 살인죄로 교수형을 당했으니까 말이다. 그는 매우 폭력적인 여성 혐오자이자 외과 수련의였다. 하지만 한 연쇄살인범이 두 가지 또렷이 다른 살인 수단을 동시에 사용하는 것은 매우 드문 일이다. 게다가 특별히 리퍼 살인을 채프먼과 연결할 만한 유의미한 증거는 거의 없었다.

마지막 네 번째 용의자는 토머스 닐 크림(Thomas Neill Cream). 스코틀랜드의 낙태 전문 의사였으며 적어도 5건의 살인을 저질렀다. 피해자들은 전부 매춘부였으며 크림은 이들을 독살했다. 리퍼 살인 사건들이 일어났을 때 그는 감옥에 갇혀있던 것으로 알려져 있었다. 하지만 일부 사람들은 그가 뇌물을 써서 감옥을 빠져나왔거나 그와 닮은 사람을 구해 자리를 바꿔치기했다고 믿었다. 1892년 크림이 교수대에서 형 집행을 당하던 순간 그의 마지막 말은 다름 아닌 "내가 잭 더…"였다고 한다.

한편, 시간이 지나면서 리퍼 사건의 정황들이 점차 희미해지자 터무니없는 인물들이 용의자로 지목되기도 한다. 예를 들면《이상한 나라의 앨리스》의 작가 루이스 캐럴이나 빅토리아 여왕의 주치의 윌리엄 걸 경, 빅토리아 여왕의 손자인 앨버트 빅터 왕자 등이다. 또 빅토리아 여왕의 딸 비애트리스 공주를 진료한 산부인과 의사 존 윌리엄스 경, 유명 화가인 발터 지커트도 있었다. 어쨌거나 리퍼 사건 이후 흐른 시간과 사건 해결을 위해 쏟은 노력을 고려하면, 그 의문이 밝혀질 날은 영영 오지 않을 듯하다. 그렇지만 여전히 사람들은 이 수수께끼 같은 사건에 매혹당하고 있다.

† 실수로 환자의 불알을 자른 유명한 외과의?

로버트 리스턴(Robert Liston)은 19세기의 유명한 외과 의사였다. 그는 복잡한 수술도 뛰어난 기술과 속도로 소화하는 것으로 명성이 자자했다. 마취제를 사용하기 전에는 수술 속도가 환자의 고통을 줄이고 생존율을 높이는 가장 중요한 요소였는데, 리스턴은 다리를 절단하고 절단 부위를 봉합하는 데 단 90초면 충분했다고 한다. 리스턴은 키가 큰 다혈질의 사내였다. 그는 대중에게 공개된 수술실로 성큼성큼 걸어 들어와서 관람석에 앉은 이들에게 회중시계를 꺼내 시간을 재라고 말하고는 수술에 들어갔다. 심지어 그는 양손을 자유롭게 쓰기 위해 피 묻은 수술칼을 이빨 사이에 물고 수술을 했다. 리스턴을 존경하던 어떤 이는 이런 말을 했다. "톱질 소리에 뒤이은 그의 수술칼의 반짝임은 어찌나 순간적인지, 그 두 행위가 마치 동시에 일어나는 것 같았어요."

하지만 속도를 너무 강조하다 보니, 수술의 정확도가 떨어지는 일이 가끔 생겼다. 한 번은 리스턴이 환자의 다리를 겨우 2분 30초 만에 절단했는데, 그만 그의 왼쪽 고환까지 잘라버리는 끔찍한 실수를 저질렀다. 또 절단 수술을 관람하던 관객들이 그가 조수의 손가락 두 개와 어떤 유명한 참관인의 코트 자락까지 한꺼번에 잘라버리는 광경을 목격했다. 그 저명한 관객은 그저 공포에 질린 나머지 죽어버렸다고 한다. 그 뒤로 절단 수술을 받은 환자와 손가락이 잘린 조수도 상처에 생긴 괴저로 사망하고 말았다. 후일 위대한 의학 사가인 리처드 고든(Richard Gordon)은 이 사건을 '역사상 치사율이 300%에 이른 유일한 수술'이라고 묘사해 오래오래 기억에 남았다.

✝ '에테르 유희'가 뭐야?

마취제(anaesthesia)의 역사는 자못 기이하다. 마취제는 18~19세기에 처음 발견되었는데, 이때는 사람들을 즐겁게 해줄 요량으로 사용되었다. 끔찍한 수술의 고통을 줄이는 데 마취제가 쓰일 것으로 생각한 이는 거의 없었던 것 같다.

물론 이전에도 수술의 고통을 줄이기 위한 다양한 방법이 쓰였다. 하지만 그 효과에는 한계가 있었다. 가령 고대 이집트에서는 환자의 머리를 나무망치로 때리는 방법이 동원됐다. 또 유럽의 의사들은 얼음이나 눈, 최면술, 질식, 수면제, 아편, 포도주, 대마초 등으로 마취 효과를 시험해보았다. 앞서 만나본 유명한 의사이자 손이 굽었던 뒤퓌트랑 남작은 여성 환자에게 거친 모욕적 언사로 충격을 주어 기절시키는 방법까지 고안했을 정도였다. 하지만 당연히 이 모든 방법은 효과가 만족스럽지 못했다. 그나마 효과가 있었던 마취 방법은 바로 약이었는데, 이 약들에도 문제는 있었다. 그래서 이탈리아의 위대한 의사인 팔로피우스(Gabriel Fallopius, 1523~1562년)는 이렇게 불평했다고 한다. "수면제는 효력이 약하면 소용이 없고, 효력이 강하면 환자를 죽인다." 이러한 내재적인 이유로 17세기의 프랑스 법은 수술 중에 어떤 진통제의 사용도 금지했다.

그러던 중, 1772년에 영국의 화학자 조셉 프리스틀리(Joseph Priestly)가 일명 '웃음 가스(laughing gas)'로 불리는 아산화질소를 발견했다. 하지만 이 가스는 무대 위에서 오락거리를 제공하려는 것이 주된 목적이었다. 관객 중 몇몇이 무대 위로 올라와 인도산 고무로 만든

봉투에 든 웃음 가스를 들이마시면 한바탕 웃음이 시작된다. 뒤이어 춤을 추고 비틀거리며 열광의 도가니를 자아내면, 청중들이 함께 즐거워하는 식이었다. 호러스 웰스(Horace Wells)라는 한 치과의사가 웃음 가스의 진통 효과 가능성에 주목했지만, 대중 앞에서 그 효과를 입증하려는 노력이 실패로 끝나자 이내 흥미를 잃고 포기해버렸다.

에테르는 1540년에 처음 합성되었는데, 감각을 무디게 하는 그 효과는 익히 알려져 있었다. 한편 19세기 초 사교계의 인기 있는 오락이 바로 '에테르 유희(ether frolics)'였다. 이는 샴페인이나 칵테일 대신 에테르를 들이키는 파티였다. 이런 파티가 무척 인기였음에도, 에테르를 진통제로 쓸 생각은 아무도 하지 못했다. 그러다가 1840년대에 들어서 크로퍼드 롱(Crawford Long)이라는 미국인 의사가 친구의 목에서 물혹을 제거하는 수술에 마취제로 에테르를 처음 사용했다.

마취제의 확실한 효과가 입증되었음에도, 당시 마취제 사용에 대한 거부감은 상당했다. 외과 의사들은 에테르를 '양키 꼼수(Yankee dodge)'라 불렀는데, 고통을 피하는 것은 마치 일종의 속임수처럼 정정당당하지 않다고 느꼈기 때문이다. 마취제의 등장으로 외과의의 기술 중 많은 부분이 필요 없어졌다. 외과의의 수술 속도나 기술, 고통 앞에서의 태연자약함은 가치가 없어졌다고 느낀 것이다. 이렇게 외과 의사들은 마취제를 꺼렸지만, 사람들의 반응은 하나같이 열광

적이었다. 당시 〈피플스 런던 저널〉의 헤드라인은 '행복한 시간을 찬양하라! 우리가 고통을 정복했나니!'였다. 심지어 마취제를 뜻하는 '애너스씨지어(Anaesthesia)'는 한동안 여자 아기들 이름으로 유행할 정도였다.

✝ 세잔, 모네, 반 고흐의 공통점은?

인상파와 후기 인상파의 유명한 화가? 그렇다, 물론 그게 공통점이다. 하지만 이 책이 순수미술을 다룰 수는 없으니까, 좀 더 우리 목적에 걸맞은 공통점을 찾아보기로 하자. 그 답은 이 세 화가 모두 같은 병을 앓았다는 것이다.

그 병의 원인은 아마도 당대 화가들에게 인기 만점의 색이었던 '에머럴드 그린(Emerald Green)'이라는 안료(顔料)일 것이다. 그런데 이 에머럴드 그린 물감의 원료는 다름 아닌 아세트산 구리와 비상(砒霜) 혹은 삼산화비소(三酸化砒素)였는데, 그중에서도 특히 비상이 문제였다. 말할 것도 없이 비상은 무척이나 독성이 강하니까 말이다. 오늘날의 화가들은 문제의 에머럴드 그린을 더는 쓰지 않는다. 하지만 현대의 어떤 비슷한 물감도 이 에머럴드 그린만큼 선명하고 화사하지는 않다고 한다.

세잔이 가장 좋아하는 물감도 바로 이 에머럴드 그린이었고, 따라서 그의 그림은 에머럴드 그린으로 가득했다. 반 고흐와 모네도 이 물감을 아낌없이 썼다. 그 결과 세 화가 모두 만성적인 비소 중독 증상에 시달렸다. 세잔은 심각한 당뇨병에 걸렸고, 반 고흐는 이런저런 신경 장애로 고통받았다. 또 모네는 시력을 잃었다. 이 모두가 에머럴드 그린 때문일 가능성이 큰 것이다.

한편, 독성을 지닌 다른 물감들도 이런 증상들을 불러왔을 수 있다. 인기 높았던 또 다른 물감이 '코발트 바이올렛(Cobalt Violet)'이라는 보라색 계통의 색이었는데, 이 또한 비소를 포함하고 있었다. 또 당시에 흔히 사용되던 물감에는 독성이 강한 납, 수은, 테레빈유 등이 들어있었다. 그러니 어찌 되었든 세 화가 모두 말 그대로 '창작의 고통'을 겪지 않았겠는가.

† 조지 5세는 정말 주치의에 의해 살해당했을까?

영국의 조지 5세의 말년은 질병으로 인해 비참했다. 과도한 흡연이 한 가지 이유였다. 그는 폐기종(肺氣腫)에다 흉막염 그리고 기관지염까지 앓고 있었다. 그러던 1936년 1월 15일, 그는 노퍽에 있는 왕실 별장 샌드링엄 하우스(Sandringham House)에서 감기 증상을 호소하며 침대로 들어갔다. 그런데 그의 상태는 급격하게 나빠지더니 1월

20일에는 거의 사망 직전에 이르렀다. 조지 5세의 주치의이던 도슨 경(Lord Dawson)은 짤막한 성명을 발표했다. "왕께서는 평온하게 임종에 다가가고 계시다." 그리고 그날 밤 11시 55분 조지 5세는 숨을 거뒀다.

그런데 조지 5세는 흔히 완곡하게 말하는 '자연사'가 아니었다. 놀랍게도 그의 죽음의 원인은 치사량을 넘어서는 약물의 의도적인 주입이었다. 0.75g의 모르핀과 1g의 코카인을 다름 아닌 도슨 경이 직접 주입한 것이었다. 특정 모임에서는 이런 약의 조합을 '스피드볼(speedball)'이라고 부른다. 배우 리버 피닉스와 존 벨루시를 죽음으로 몰고 간 것도 바로 이 약물이었다. 물론 이들의 경우는 단순히 사고였지만.

그렇다면 도슨은 대체 왜 왕을 살해한 것일까? 그 이유는 두 가지로 보인다. 첫째로 왕은 명백히 죽어가고 있었고, 삶의 마지막 순간에 힘겨워하는 모습을 보이는 것은 왕의 품격에 걸맞지 않다고 도슨은 생각한 것이다. 여러 해가 흐른 뒤 도슨은 이렇게 설명했다.

"열한 시쯤 되었을까, 삶의 마지막 순간이 몇 시간이고 이어질 수도 있음이 명백했다. 왕께서는 모르셨겠지만 그분에게 어울리는 권위와 고요함, 그리고 그것을 위해선 꼭 필요한 짧은 임종과는 도무지 부합하지 않았다. 생명은 이미 떠났는데, 기계적인 임종만을 몇 시간씩 기다리는 것은 주위 사람들을 너무나 지치고 힘들게 하여, 어떤 생각이나 교감이나 기도에서 오는 위로조차 이용할 수 없잖은가."

또 다른 놀라운 이유도 있다. 왕실에서는 '다소 적절치 않은' 석간이나 당시 초창기였던 BBC 라디오보다도 조간 〈타임스〉가 왕의 죽음을 제일 먼저 알려주기를 원했다는 것이다. 따라서 왕의 사망 시점은 〈타임스〉의 인쇄 기한에 맞추도록 조정된 것이었다. 도슨 경은 당시 편집장에게 신문의 1면을 비워두라고 미리 경고까지 해두었다.

물론 이 모든 사실은 당시 대중에겐 비밀이었고, 그로부터 50년이나 지난 1986년에 도슨 경의 노트가 대중에 공개되면서야 마침내 알려졌다. 그런데 대중의 격렬한 항의는 놀랄 만큼 적었다. 아마도 시간이 너무 많이 지난 것이 큰 이유인 듯했다. 버킹엄궁의 대변인은 "오래전에 일어난 일이고, 관련된 모든 이들이 이미 사망했다"고 말할 뿐이었다. 하지만 분노의 목소리도 있었다. "제 견해로는 조지 왕은 명백히 도슨에게 살해당한 겁니다." 조지 왕의 전기를 쓴 작가 케네스 로즈(Kenneth Rose)는 그렇게 언급하며 경악을 금치 못했다.

† 왕에게 해를 입힌 다른 의사는 없었을까?

물론 있었다. 하지만 앞으로 소개할 대부분의 경우, 악의는 없었고 그저 무능해서 벌어진 일이었다. 의도적인 안락사가 아니었다는 얘기다. 예를 들어 영국의 찰스 2세는 사망하기 전 나흘 동안 의사들에게 거의 고문 수준의 치료를 받았다. 당황한 의사들이 왕에게 사혈과 구토, 부항, 관장뿐 아니라 물집을 잡히고 땀을 내게 한 것이었다. 그러나 효과는 없었다. 결국, 찰스 2세는 '뇌일혈(腦溢血, apoplexy)'로 사망했다. 이는 기본적으로 피를 쏟고 의식을 잃었다는 뜻이며, 그건 바로 의사들이 왕에게 입힌 증상이었다. 그러니 왕은 다른 기저 질환 때문이 아니라 의사들의 치료 때문에 죽은 것이다.

한편, 영국의 조지 3세도 의사들로부터 푸대접을 받았다. 〈조지 왕의 광기(The Madness Of King George)〉라는 영화에서도 묘사되듯이, 조지 왕은 말년에 정기적인 정신병적 발작으로 고통받았다. 오늘날에는 이런 증상이 포르피린증이라는 혈액 질환 때문이라 여긴다. 1810년에 이르러 조지 왕의 건강상태는 심각해졌다. 거의 실명 수준이었으며 통증도 상당했다. 조지 왕 같은 증상을 대하는 당시의 표준 치료법은 바로 강제로 구속복을 입히는 것이었다. 의사들도 아주 정중히 왕에게 구속복을 입힐 수밖에 없었다.

그런가 하면 기원전 323년 6월에는 알렉산더 대왕이 이틀간의 음주 파티 후 열병에 걸렸다. 그 후 12일 뒤에 점차 실어증이 진행되면서 사망했다. 이 죽음에 대해서는 의도적인 독살이었다는 설을 위시해 다양한 이론이 존재한다. 하지만 가장 유력한 이론은 알렉산더 대왕이 의사들이 처방해준 약초 헬레보루스 또는 헬리보어(Hellebore)를 멋모르고 과다복용해서 사망했다는 것이다. 그가 마지막 남긴 말은 이랬다. "이토록 많은 의사가 도와줘서 나는 죽는다."

미국의 초대 대통령 조지 워싱턴도 의사들의 실수로 사망한 게 거의 확실하다. 그는 금요일인 12월 13일에 앓아누웠는데, 그 전날 밤 빗속에 말을 타고 자신의 농장을 돌아본 다음, 여전히 흠뻑 젖은 옷을 입은 채로 저녁을 먹었다고 한다. 다음날, 상태가 더욱 나빠진 그는 농장 관리인에게 사혈을 요청했다. 관리인은 3분의 1ℓ 정도의 피를 뽑아주었다. 그리고 이후 몇 시간 내로 2명의 의사가 도착해서 각각 또 사혈을 했다. 이걸 모두 합치면 하루 동안 워싱턴은 아마도 체내의 피를 반 정도 흘렸는지도 모른다. 게다가 워싱턴은 설사약을 사용하고, 구토한 뒤, 물집을 잡혔다. 이 모든 조치가 그를 탈수로 이끌어 몸 상태는 더욱 약해졌을 것이다. 그날 밤이 되자 워싱턴의 피는 정상적으로 흐르지 못했다. 남은 피는 모두 끈적해지고 혈관을 타고 서서히 흘러나오고 있던 것이다. 결국, 워싱턴은 그날 밤에 사망했다. 그리고는 의사들에게 이렇게 부탁했다고 한다. "제발 부탁

오싹한 의학의 세계사

인데, 더는 내게 신경 쓰지 마시오. 조용히 가게 해주시오.”

제임스 가필드 대통령도 의사들 탓에 죽은 듯하다. 가필드는 1881년 7월 2일 열차를 기다리다 암살범 찰스 기토(Charles Guiteau)가 쏜 총에 맞았다. 당시엔 대통령 곁에 경호원들이 있는 것이 관례가 아니었다. 그 뒤로 11주의 간호가 이루어지는 동안 그의 몸 상태는 호전과 악화를 반복했고, 끝내 그는 9월 19일 사망에 이르고 말았다. 당시 가필드는 한 발 이상의 총을 맞긴 했지만, 무능한 의사들만 아니었다면 그가 생존했을 거라 믿는 사람들이 많다. 의사들은 몸 속에 박힌 총알을 찾으려고 소독도 하지 않은 손가락으로 가필드의 상처 부위를 헤집었다. 그뿐인가, 한 의사는 그 와중에 가필드의 간에 구멍까지 냈다. 그 결과는 패혈증 및 감염으로 이어졌고, 대통령의 몸무게는 27㎏ 정도 줄었으며, 결국은 심장마비로 숨을 거뒀다.

✝ 환자들이 수술 중에 깨어나기도 할까?

듣기만 해도 끔찍하겠지만 실제로 일어나는 현상이다. ‘마취 중 각성(覺醒, anaesthesia awareness)’이라는 정식 명칭까지 있어서, 지금도 학계에서는 가장 논의가 많이 이루어지는 주제 가운데 하나다. 환자가 일반 마취제를 맞을 때는 두 가지 약물이 투여된다. 첫 번째는 전신 마취제로, 환자의 의식을 잃게 하고 통증에 무감각하게 만드는 약물이다. 두 번째 약물은 남미 원주민의 독물 쿠라레(curare) 같은 근이완제(筋弛緩劑, muscle relaxant)다. 근이완제는 환자의 근육을 마비시켜서 몸을 움직이거나 어떤 식으로든 소통을 못 하게 한다.

그런데 만약 마취제를 놓는 도구가 잘못되거나 마취 전문의가 실수를 저지르면, 환자는 의식을 되찾고 통증을 느낀다. 하지만 근이완제가 온몸을 마비시켜놓아서 의료진에게는 전혀 의사표시를 할 수 없다. 사실 이런 일은 도구의 문제나 인간의 실수 외에 여러 이유로도 생길 수 있다. 예를 들어 어떤 환자는 마취제에 저항이 생기는데, 오랜 기간 담배나 알코올, 헤로인 같은 아편류의 마약을 사용한 경우 두드러진다.

'마취 중 각성'은 정확성을 요구하는 마취제의 성질 때문에 더욱 심해진다. 마취제의 투여량에 따라 부작용의 위험성이 올라가기 때문이다. 따라서 마취 전문의는 너무 많은 마취제를 투여했을 때 발생할 수 있는 합병증의 위험을 최소화하면서, 딱 의식을 잃을 정도의 양만 투여하는 아슬아슬한 줄타기를 해야 한다.

추정치에 따르면, 마취 중 각성 현상은 모든 수술의 0.1~0.2% 정도에서 발생한다. 그리고 그중 약 42%의 환자들만 실제로 통증을 느낀다고 한다. 나머지는 의식이 돌아오더라도 통증은 느끼지 못한다. 그렇지만 의식이 돌아온 환자 대다수는 공포와 불안을 느끼고, 외상 후 스트레스 장애(PTSD)를 위시해 평생 남는 심리적 부작용을 지니게 된다.

최근에는 과학자들이 마취 중 각성에 대처하는 여러 기술이나 장치를 개발하고 있다. 한 예로 뇌의 전류 활동을 살피는 여러 종류의 뇌파 모니터를 들 수 있다. 환자가 일반 마취제를 맞았을 때, 뇌의 전류 속도는 눈에 띄게 느려진다. 하지만 이런 장치 중 어느 것도 아직 완벽하다고는 할 수 없다. 일부 마취제들은 뇌의 전류 속도를 똑같은 방식으로 감소시키지 않기 때문이다.

또 하나의 해결책이 될 법한 것이 '팔목 고립 기술(isolated forearm technique)'이라는 것으로, 영국 헐 왕립병원(Hull Royal Infirmary) 소속의 왕 교수와 이언 러셀 박사가 고안한 기술이다. 그 작동법은 이렇다. 근이완제를 놓기 직전에, 팔목을 지혈대로 감싸서 혈액의 흐름을 막는다. 이렇게 되면 만약 환자가 수술 중에 의식을 되찾더라도, 의료진에게 의사를 전달하고 싶으면 손을 움직일 수 있다.

좀 기이하게 들릴 수도 있지만, 아예 더 많은 환자를 의도적으로 그냥 깨어 있게 하는 방법도 있다. 최근에 '가벼운 마취' 상태에서 여러 건의 수술을 집도한 의사들도 있다. 이 기술은 척추에 경막외(硬

膜外)주사를 놓는 것인데, 통증이 차단되면서도 환자는 깨어서 정상적으로 호흡하고 대화할 수 있다. 의사들은 가벼운 마취를 이용해 심장동맥우회술(heart bypass surgery) 같은 큰 수술에 성공하기도 했다. 가벼운 마취는 (환자가 통증을 느끼는지 아닌지 그저 말만 하면 되니까) 마취 중 각성의 위험을 없애줄 뿐만 아니라, 전신 마취제의 위험과 부작용도 어느 정도 피할 수 있다. 또 다른 장점도 있다. 가벼운 마취를 받은 환자는 수술 후 좀 더 일찍 집으로 돌아갈 수 있고, 따라서 병원비도 절약할 수 있다.

마지막으로 재미있는 사실 하나. 빨간 머리카락을 가진 사람이 금발이나 갈색 머리카락보다 더 많은 양의 마취제가 필요하다는 걸 알고 있는가? 놀랍게도 피부색소침착에 영향을 미치는 호르몬과 통증 완화에 영향을 미치는 호르몬 사이에는 연관성이 있는 모양이다. 따라서 본디 빨간 머리를 가진 사람은 특정 부류의 통증에 대해 좀 더 민감하고, 그래서 일정 수준의 고통에 대한 무감각에 도달하려면 약 20%의 마취제가 더 필요한 것이다.

† 링컨 대통령은 독살당했을까?

남북전쟁 당시 링컨은 압박감 속에서도 침착한 걸로 유명했다. 하지만 바로 몇 년 전만 해도 그는 난폭하고 변덕스러운 사람으로 여겨졌다. 자신의 분노를 금세 언어적, 물리적으로 나타냈기 때문이다. 1858년의 한 토론에서는 링컨이 전직 보좌관을 붙잡고 '보좌관의 이빨이 딱딱거릴 정도로' 흔들어댔다고도 한다. 또 그가 다녔던 로펌의 한 동료의 말을 빌자면, "링컨은 간혹 너무 화가 나서, 마치 끓어오르는 화를 주체할 수 없는 악마 루시퍼 같았다." 그렇다면 대체 무슨 변화가 일어났던 걸까?

그 답은 아마도 링컨 스스로 오랫동안 자초한 수은 중독 때문일지 모른다. 1850년대에 링컨은 멜랑콜리(melancholy)라는 증상으로 고통받았다. 멜랑콜리란 오늘날 우리가 임상 우울증이라 부르는 병과 비슷했다. 어떤 동시대인은 그를 '우울의 동굴' 속에서 살고 있다고 표현했을 정도다. 이를 치료하기 위해 링컨은 블루 매스(Blue Mass)라는 이름의 약을 먹었는데, 이는 우울증과 치통, 변비, 그리고 산통에 이르기까지 다양한 종류의 질병 치료를 위해 널리 사용된 19세기의 약이다.

최근 영국 왕립화학회의 과학자들이 19세기 블루 매스 표본을 구해 시험해본 결과, 이 약의 효과적인 주성분이 극도로 독성이 강한 수은이라는 사실을 알아냈다. 게다가 블루 매스에는 오늘날의 하루 허용량의 120배를 초과하는 양의 수은이 들어있었다. 수은 중독의 증상은 메스꺼움, 설사, 구토와 탈수 등이다. 또, 불면증과 떨림,

분노 표출 등의 원인이 되기도 한다. 이 모든 증상이 링컨이 겪었던 것으로 보도된 고통과 일치한다.

1861년 대통령에 취임하자마자 링컨은 블루 매스를 끊었다. 친구에게 보낸 편지에서 그는 이 약이 '나를 짜증 나게 한다'고 적었다. 또 수은 중독의 증상은 되돌릴 수도 있다. 성질이 불같았던 링컨이 어떻게 남북전쟁 중에는 조용하고 침착한 정치인으로 변했는지 이해할 수 있는 대목이다.

† 코뿔소도 구할 수 있는 인기 좋은 약은?

그 답은 '비아그라'다. 중국 전통의학에서 코뿔소 뿔로 만든 가루약은 수천 년 동안 최음제로 써왔다. 물론 코뿔소 뿔에는 최음 효과가 없다. 하지만 이런 잘못된 믿음 때문에 코뿔소들의 대규모 살상은 계속 이어졌다.

많은 '전통' 약물들이 그렇듯, 코뿔소 뿔 가루약이 최음제가 된다는 논리는 과학적이기보다는 미신이다. 코뿔소의 뿔은 딱딱하고 곡선이 있으면서도 우뚝 서 있는 모양이어서 발기한 음경을 어느 정도 닮았다는 것이다. 마치 서양의학의 '특징의 원칙'과 비슷한 '공감의 마법'이라는 개념에 따라 코뿔소의 뿔은 성적 무력감과 발기부전

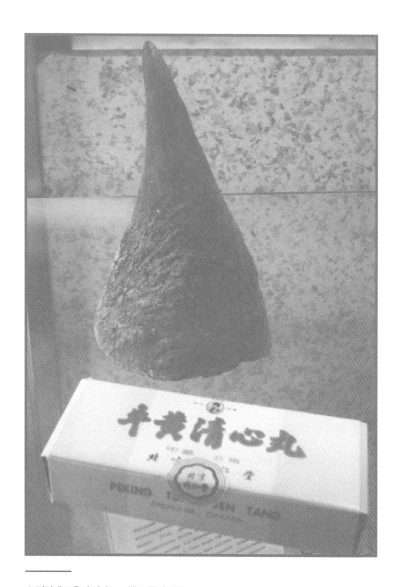

✳ 정력에 도움이 된다는 코뿔소 뿔의 가루.

을 치료하는 데 효과적이라고 주장한다. 비슷한 논리로 호랑이의 생식기도 중국 전통의학에서는 무척 귀한 최음제로 여긴다. 호랑이는 확연히 번식력과 공격성이 높은 동물이기 때문이다. 이런 믿음 때문에 호랑이 역시 너무 많이 사냥당해 거의 멸종 직전까지 이르렀다.

그런데 아이러니가 뭔지 아는가? 이런 전통 약재의 수요가 급증하는 시장이 인도나 중국 등 아시아 지역이 아니라, 서양이라는 점이다. 효과적인 최신 의약품의 열매를 오랫동안 누려와 그걸 아주 당연하게 여기는 서양 사회에서! 반면, 중국에서는 백신이나 기타 효과적인 의약품에 대한 수요가 늘어나고 있다. 발전된 과학으로 만들어진 이런 의약품들은 서양에서 이미 기대수명을 극적으로 증가시켰다. 성생활 개선에 있어서도 중국인들은 코뿔소 뿔 가루약이 아니라 점점 비아그라나 시알리스 등의 효과적인 약품을 찾고 있다. 이런 움직임과 멸종위기 동물들을 보호하는 다양한 법률 덕분에 코뿔소가 번식력도 회복하고 개체 수도 늘어나길 바랄 뿐이다.

✝ '파라핀종'이란 무엇일까?

우리는 보톡스나 콜라겐 주사 같은 미용 시술을 최신 발명품으로 보는 경향이 있는데, 이는 젊음과 미용에 집착하는 피상적이고 얼빠진 오늘날의 산물이다. 하지만 사실 이런 미용 시술은 전혀 새로운 게 아니다. 이르게는 19세기부터 의사들이 완벽하게 같은 목적으로 비슷한 주사들을 시험하고 있었으니까. 특히 오늘날의 보톡스나 콜라겐처럼 주름을 펴려는 목적으로 파라핀 왁스를 주입하는 시술이 잠시 유행한 적도 있었다. 또 파라핀은 가슴 조직에 주입되기도 했다. 말하자면 오늘날의 가슴확대 수술의 초기 형태였던 셈이다.

하지만 왜 파라핀 왁스 주사 얘기를 더는 들을 수 없게 되었을까? 여기에는 그럴만한 이유가 있다. 파라핀 시술의 결과가 대개 끔찍하기 때문이다. 파라핀 왁스를 주입하면 파라핀종(腫, paraffinoma)을 일으키는데, 이것은 통증을 유발하는 딱딱한 덩어리인 데다, 보기 흉한 상처로 발달하며 심지어 감염까지 될 수 있다.

하지만 이런 부작용에도 불구하고 이 시술은 금방 사라지지 않았고, 20세기 내내 파라핀 왁스 주입 관련 보도를 간간이 접할 수 있었다. 특히 파라핀 왁스는 때로 음경확대에 사용되기도 한다. 1956년의 한 보고서에 따르면 어떤 환자는 조루로 고생하다가 다른 치료법이 모두 실패하자 파라핀 왁스로 눈을 돌렸다. 하지만 주입 시술은 실패로 끝났다. 주입 후 6년이 지나도 그의 조루는 여전히 고쳐지지 않았고, 도리어 발기할 때마다 상당히 아파했다고 한다. 결국, 이 환자는 파라핀종 제거 수술을 받을 수밖에 없었다. 파라핀과 함께 음경의 표피도 제거되었고 고환에서 떼낸 피부조직으로 재건했다. 다행히 이 제거 수술은 성공적이었다. 물론 그의 고환은 이전보다 훨씬 작아졌지만.

† 아기들은 엎드려 자야 할까, 아니면 똑바로 누워 자야 할까?

미국 소아과 의사 벤저민 스폭(Benjamin Spock) 박사의 《유아와 육아의 상식(Baby and Child Care)》은 육아 부문에서 가장 영향력 있는 책 중의 하나다. 처음 출간된 1946년부터 기록적인 베스트셀러로 자리 잡아 세계적으로 5,000만 부 이상 팔리며, 모든 세대의 부모에게 엄청난 영향을 끼쳤다. 오늘날에도 《유아와 육아의 상식》은 육아에 대한 현명하고 자유로운 접근법 덕에 여전히 칭송받고 있다. 하지만 책에 실린 충고 가운데 한 가지는 너무나 시대에 뒤처진 것이 되었다.

책에서 스폭 박사는 아기를 엎드려서 재우라고 권유했다. 어려운 말로 복와위(伏臥位, prone)라는 자세다. 그의 논리는 아기들이 똑바로 누워서, 그러니까 소위 앙와위(仰臥位, supine) 자세로 자면 밤에 구토할 때 토사물에 질식할 위험성이 더 크다는 거였다. 스폭의 책 덕분에 이 충고는 그야말로 정설로 받아들여졌다. 미국 아기들 대다수는 엎드려 자게 되었다.

오싹한 의학의 세계사

하지만 오늘날에는 이 충고에 오류가 있음이 드러났다. 소위 '요람사(搖籃死, cot death)'라 불리는 유아 돌연사 증후군 연구에 따르면 엎드려 자는 것은 요람사의 위험성을 증가시키기 때문이다. 물론 명쾌한 이유는 알려진 바 없지만, 추측성 이론들은 많다. 엎드려 자는 아기는 '반복 순환' 되는 공기를 들이마실 가능성이 크다는 것이 한 가지 이론이다. 이런 공기에는 이산화탄소가 더 많이 축적될 수밖에 없다. 그런가 하면, 아기가 엎드려 자면 스스로 질식할 위험성이 더 크다는 것이 또 다른 이론이다. 세 번째 이론은 엎드려 자는 아기는 침대 매트리스에 있을지 모를 독성이나 곰팡이를 들이마실 위험이 더 크다는 것이다.

엎드려 자는 것과 영아 사망의 관계는 명확하진 않다. 하지만 관련 통계 수치는 상당히 설득력이 있다. 1994년에는 '백 투 슬립(Back to Sleep) 캠페인'이 시작되어, 부모들에게 아기를 똑바로 눕혀서 재우라고 설득했다. 이후 미국에서 똑바로 누워 자는 아기의 비율은 13%에서 무려 76%로 증가했다. 동시에 영아 돌연사 증후군의 비율은 50% 이상 급감했다. 물론 이는 반가운 소식이었다. 하지만 여기에 함축된 두려운 사실은, 스폭 박사의 친절한 충고가 수많은 불필요한 영아 사망을 낳았을지 모른다는 거였다.

좀 더 가볍게 얘기를 펼쳐보자. TV쇼 〈스타 트렉(Star Trek)〉의 주인공 닥터 스폭은 벤저민 스폭 박사와는 전혀 상관이 없다. 틀림없다. 그저 기이하고도 완벽하게 논리적인 우연일 뿐이다. 〈스타 트렉〉의 창작자인 진 로든베리는 원안을 구상하면서 그저 외계인처럼 들리는 이름을 찾고 있었으며, 그때껏 소아과 의사 스폭 박사에 관해서는 들어본 적도 없다고 말했다.

✝ 수술 끝난 환자의 몸속에 수술 도구가 남아 있다고?

걱정되는 일이지만 실제로 발생할 뿐만 아니라 꽤 자주 일어나는 일이다. 의사들과 간호사들은 자주 과로와 수면 부족에 시달린다. 또 황급하게 응급 수술 절차를 마쳐야 할 때도 많다. 일반적인 수술에는 평균 250~300개의 다양한 수술 도구와 기구들이 사용되고, 복잡한 수술이라면 그 수는 600개 정도로 늘어난다. 이런 상황이니, 수술 중에 어떤 도구가 사라진다는 것이 그다지 놀라운 일이겠는가.

수술 바늘, 핀셋의 일종인 포셉, 칼날, 핀셋, 안전핀, 메스, 집게, 수건, 가위 등, 정말 별의별 도구나 기구들이 환자의 몸속에서 발견되었다. 어떤 환자는 수술 후에 무려 25㎝ 길이의 의료용 주걱을 몸속에서 제거해야 했다. 60㎝에 달하는 가이드 와이어 사타구니에서 가슴 상부까지 이어져 있어서 제거해야 했던 환자도 있다. 의사들은 수술이 끝나고 6번이나 엑스레이 촬영을 했음에도 이 철사를 알아

오싹한 의학의 세계사

차리지 못했다. 그런가 하면 어떤 경우에는 자기 이름의 머리글자를 새긴 포셉을 환자의 몸 안에 남겨둔 의사도 있었다.

환자의 몸 안에 가장 흔하게 남겨지는 것은 무엇일까? 스펀지라고도 부르는 거즈(Gauze)다. 거즈는 멸균된 얇은 면 패드이어서, 비교적 인체에 해롭지 않을 거라고 느낄지 모른다. 하지만 사실은 큰 문제를 일으킬 수 있다. 게다가 수술 후 남겨진 거즈가 농양 및 종양으로 오진되면, 쓸데없는 위험천만한 수술이 벌어질 수도 있다.

어떤 보고서는 미국에서만 이와 비슷한 사건이 해마다 2,700여 건 발생한다고 추정한다. 하지만 이 숫자는 실제보다 적을지도 모른다. 왜냐면 무슨 일이 생겼는지조차 모르는 환자도 많고, 병원 측에서는 비용이 많이 드는 법정 싸움을 꺼리기 때문이다. 응급 수술을 받는 환자들이나 비만 상태인 환자들은 수술 도구가 사라지는 사건을 더 많이 겪는다고 한다. 환자의 체질량지수가 1% 더 높을수록 수술 도구가 몸속에 남을 위험성이 10% 더 커진다는 연구조사도 있다.

현재 병원들은 이런 문제를 고치기 위해서 여러 가지 새로운 기법이나 기술을 시험하는 중이지만, 아직은 그 어느 것도 완벽하지 않다. 수술 과정의 여러 단계마다 도구 목록을 확인하는 것은 일반적으로 표준 절차이며, 일부 병원은 수술 1회당 4번의 도구 확인을 권유한다. 하지만 이렇게 자주 점검할 시간이 없어서 그냥 절차를 생략해야 할 경우가 많다. 게다가 실은 이런 반복 점검이 얼마나 도움이 되는지, 명확하지도 않다. 연구결과에 따르면 확인을 철저히 하더라도 실수는 여전히 생긴다. 수술 후 점검할 때 사라진 도구가 없었음에도, 수술 도구가 환자 몸속에서 발견된 경우도 많았다.

몇 가지 기술적인 해결책도 개발 중이다. 그중 하나는 모든 거즈에 방사선 비투과성 조영제(造影劑)로 표시를 해두는 것이다. 그러면 통상 방사선 스캔 과정에서 거즈를 찾을 수 있다. 또 하나의 비슷한 해결책은 수술 후에 판독기로 감별해 낼 수 있게끔 모든 거즈에 개별 바코드를 심어두는 것이다.

✝ 콜레라 한 잔을 마시고도 살아남은 의사는?

앞서 살펴본 존 스노우의 1854년 브로드 스트리트의 급수 펌프 사건 이후에도, 콜레라는 왜 생기며 어떻게 전파되는가 하는 논란은 수십 년 동안 계속됐다. 그러다 1892년에 독일인 의사 로베르트 코흐(Robert Koch)가 콜레라를 일으키는 원인균을 분리하는 데 성공했다. 그는 질병이 오염된 공기나 인체의 네 기질 간의 불균형 때문이 아니라, 미생물에 의해 발생한다는 세균 이론을 옹호했다.

하지만 코흐가 자신의 주장을 세상에 설득시키기엔 아직 역부족이었고, 당시 그의 이론과 경쟁하는 이론도 한둘이 아니었다. 그중 하나가 막스 폰 페텐코퍼(Max von Pettenkofer)의 '지하수 이론(ground water theory)'이었다. 페텐코퍼는 흙 속의 부패한 유기물이 콜레라를 공중에 전파한다고 주장했다. 일단 공중에 전파된 콜레라는 부실한 식단이나 허약 체질로 인해 특히 질병에 취약한 사람에게만 영향을 미친다는 것이었다. 다시 말해 정말 중요한 요소는 콜레라균이 아니라 환경이나 환자의 타고난 건강이라는 얘기였다. 따라서 페텐코퍼는 콜레라가 사람과 사람 사이에 전파될 수는 없고, 오직 대기를 통해 취약한 사람들에게만 전파된다고 믿었다.

자신의 주장에 너무나 자신만만했던 나머지, 페텐코퍼는 여러 증인이 보는 앞에서 자신이 배양하던 콜레라 세균이 든 비커를 단숨에 들이켰다. 지금 우리가 알고 있는 바를 생각하면, 참으로 터무니없이 위험한 행동이었다. 그러나 놀랍게도 페텐코퍼는 약간의 설사 치레 말고는 거의 문제가 없었다. 그리하여 이 한 번의 과감한 행동으로 코흐의 세균 이론을 단번에 반박해버렸다고 믿었고 세상 사람들도 이에 동의했다. 덕분에 이 한순간의 어리석음이 세균 이론을 몇십 년이나 지연시켰다.

물론 지금 우리는 페텐코퍼가 틀렸다는 것을 안다. 콜레라는 오염된 공기가 아닌 세균에 의해 전파되는 것이니까. 그런데 페텐코퍼는 어떻게 세균을 마시고도 살아난 걸까? 여기엔 여러 가능성이 존재한다. 우선 페텐코퍼는 체질적으로 강한 위산을 가졌을 수 있다. 그래서 이런 식으로 세균을 들이마셨는데도 무사했을 것이다. 두 번째는 비커 안에 어쩌면 항균성 곰팡이나 세균에 기생하는 세균 바이러스가 껴있어서 콜레라 세균이 이미 죽었거나 변질했을 가능성이다. 마지막으로 페텐코퍼가 콜레라에 면역되어 있었을지도 모른다는 추론이다. 어렸을 때 콜레라라고 인식하지 못할 만큼 약한 콜레라를 앓았을 수도 있잖은가. 혹은 단순히 그의 몸이 콜레라균에 잘 저항했을지도.

한편, 러시아의 위대한 작곡가 차이콥스키(Pyotr Ilyich Tchaikovsky, 1840~1893년)도 페텐코퍼와 비슷한 짓을 했는데, 그는 그렇게 운이 좋지 못했다. 아주 강렬한 감성의 교향곡 6번 〈비창〉이 초연되기 며칠 전의 일이었다. (당황한 청중이 침묵으로 화답했다는 얘기가 떠도는 그 공연이다.) 그는 한 대중식당에서 끓이지 않은 차가운 물을 한잔 마셨다. 당시 러시아에는 콜레라가 유행하던 터라, 이는 생각할 수도 없는 일이었다. 결국, 차이콥스키는 콜레라로 사망하고 말았다. 그때에도 끓이지 않은 물과 콜레라의 연관성은 널리 알려져 있었기 때문에, 대중 앞에서의 이 과장된 행동을 계획된 자살로 해석한 사람들도 많았다.

오싹한 의학의 세계사

† 드라마와 영화에 나오는 의술은 얼마나 사실적일까?

영화나 텔레비전 프로그램이 보여주는 의학 정보와 병원이나 수술의 묘사가 오류로 가득하다는 사실에 놀라는 사람은 별로 없을 것이다. 그럼에도 화면에서 본 것들을 사실로 믿으려는 시청자들이 아주 많다. 2000년에 시행된 한 연구에 의하면, 시청자들의 50% 이상이 텔레비전에 나오는 의학 정보를 신뢰한다고 답했다. 또 약 25%는 의학 정보의 3대 주요 원천에 텔레비전을 포함했다. 하지만 이런 것들이 왜 실수인지 몇 가지 예를 들어보자.

클로로포름(chloroform) — 어떤 드라마를 봐도 마찬가지다. 클로로포름 묻힌 손수건을 아무한테나 한번 쓱 가져다 대면, 아주 쉽고 조용하게 대상이 의식을 잃고 단 1~2초 만에 고꾸라진다고 은연중에 믿게 된다. 하지만 현실은 다르다. 클로로포름의 효과는 그렇게 정확히 예측하기 힘들기 때문이다. 사실 클로로포름이 효과를 나타내려면 길게는 1분 정도 걸린다. 그동안 피해자는 몸부림치고 소리 지르며 덤빌 가능성이 크다. 그만큼 일이 힘들어지는 것이다. 또 클로로포름을 너무 많이 투여하기 쉬운데, 이러면 구토나 뇌 손상을 일으키고, 심하면 사람을 죽일 수도 있다. 바로 그 점 때문에 클로로포름은 마취제로 거의 쓰이지 않는다. 충분한 마취제와 치명적일 수 있는 양 사이의 경계가 너무나 미세하니까.

***외상**(外傷, trauma) — 텔레비전 프로그램이나 영화에서는 등장인물들이 유리병이나 의자, 총, 그 외 다양한 무기로 얻어맞는데도 심각한 손상을 입지 않는 장면이 꽤나 흔하다. 얻어맞은 사람은 픽 쓰러졌다가 잠시 뒤에 다시 벌떡 일어나서 그냥 멀쩡한 모습이다. 하지만 현실에서는 머리에 그처럼 한 대만 맞아도 기억 상실과 뇌진탕이나 뇌 손상, 시력과 청력 상실 등을 겪을 수 있다. 용케 혈전(血栓)도 피하고 혼수상태에 빠지지도 않을 만큼 운이 좋아 의식을 되찾더라도, 아마 끔찍할 정도로 어지럽고 메스꺼울 것이다. 그러니 바로 다음 장면에 나오듯 차에 멋지게 올라타 악당들을 쫓아갈 상태는 전혀 아니다.

***심폐소생술** — 흔히 CPR(cardio pulmonary resuscitation)이라 불리는 심폐소생술은 병원 관련 드라마에서 의사들이 환자의 가슴에 손을 대고 압박하거나 인공호흡을 하는 것으로 묘사된다. 요즘은 점점 봉지 등의 도구를 사용해 폐에 공기를 넣으려는 모습으로 나오기도 하고. 그런데 최근의 한 연구에 따르면, 드라마에서는 CPR의 성공 확률이 3분의 2 이상이라고 한다. 하지만 현실은 안타깝게도 훨씬 낮은 수치인 약 15%에 불과하다.

***심장마비** — 이 역시 우리가 본능적으로 이해하는 텔레비전 특유의 과장된 표현 중 하나다. 뚱뚱한 남자가 심장 부근을 부여잡고 헐떡거리다 풀썩 쓰러져서 사망하는 장면. 모든 시청자가 이

오싹한 의학의 세계사

장면이 '심장마비'의 신호라는 것을 안다. 하지만 현실의 심장마비는 이런 모습과 다르다. 우선 심장마비는 대개 즉사로 이어지진 않는다. 또 심장을 찌르는 듯한 갑작스러운 고통도 없을 때가 많다. 사실 심장마비에 대한 이런 선입견은 실제로 해를 끼친다. 사람들이 심장마비를 겪을 때, 그게 정말로 심장마비인지를 깨닫지 못하고, 그래서 구급차를 부르려는 시도도 늦어질 수 있기 때문이다. 실제 심장마비의 증상은 텔레비전에서 보는 것보다는 훨씬 가벼운 편이다. 메스꺼움과 가쁜 호흡, 식은땀과 어지러움, 팔의 마비, 가슴이나 목, 어깨의 통증 등등. 하지만 흔히 떠올리는 칼로 찌르는 듯한 통증은 아니다. 게다가 여성들의 경우에는 드라마에서 좋아하는 강렬한 가슴 통증은 거의 겪지 않는다고 한다.

*제세동기(Defibrillator, 심장박동 정상화를 위해 전기 충격을 주는 기기) — 병원을 다룬 드라마라면, 환자의 상태가 아무리 나쁘더라도 언제나 최후의 수단은 남아 있다. 만약 환자가 죽은 듯이 보이고 모니터 속 심장박동이 일직선이라면? 그러면 제세동기(除細動器)라는 이 마법의 전기 주걱으로 충격을 가해 언제든지 환자를 되살리면 된다. 하지만 현실에서는 이 전기 주걱은 거의 쓰이지 않고, 대신 몸에 붙이는 끈적끈적한 패드가 사용된다. 그뿐인가, 제세동기에는 드라마 제작자들이 생각하는 그런 극적인 효과가 없다. 심장에 충격을 줘서 사람을 되살리지 못한다는 얘기다. 그저 심장의 박동을 정상화

할 뿐이다. 또 현실에서는 제세동기를 사용할 때 전기 불꽃이 일어나지 않으며, 환자의 몸이 드라마틱하게 경련하면서 공중으로 튀어 오르는 일도 없다.

*총 — 액션 영화 주인공들은 촬영 후반부에 이르면 대개 귀가 먹을 것이다. 사실 총소리는 엄청나게 시끄러워서, 그 소리에 자주 노출되면 영영 청각 장애인이 될 정도다. 권총 및 자동 화기들은 발사할 때 약 140dB의 소리를 내는데, 이는 청각의 한계점에 해당해, 즉시 청력을 상실할 수도 있다. 바주카나 로켓포처럼 더 큰 무기들은 소음도 더 크다. 한편, 총은 눈에도 손상을 입힐 수 있다. 그래서 사격장에서는 튀어나온 탄피나 화약 가루 등으로부터 눈을 보호하려고 보안경을 제공한다. 물론 텔레비전에서는 이걸 이슈로 삼지도 않지만.

문제는 또 있다. 영화 속의 등장인물들은 제대로 총을 쏘는 법이 없다는 것이다. 사실 제대로 보호 장비도 없이 어깨선에서 바로 총을 쏜다면, 아무리 작은 권총이라도 그 반동은 쏘는 사람을 쓰러뜨릴 정도다. 또 현실에서 경찰은 측면에서 혹은 한 손으로 총을 쏘지 않는다. 말이야 바른 말이지, 대다수의 미국 경찰들은 근무 중 총을 쏘는 경우가 평생 없을 정도다. 어쨌건 수상쩍은 할리우드 영화 속 총격 장면 때문에 미국 갱단들이 흔히 겪는 부상 중 하나가 엄지손가락 골절이라고 한다. 영화 장면을 흉내 내어서 옆으로 총을 쏘다가 반동 때문에 생기는 일이다. 마찬가지로 람보처럼 한쪽 팔로 자동 화기를 쏘는 것도 곤란하다. 십중팔구 어깨 관절이 탈구될 테니까.

마지막으로 영화처럼 총알에 맞는다고 피해자가 뒤로 휙 날아가진 않는다. 총알은 작고 무게도 가볍기 때문이다. 따라서 총알의 에너지는 몸을 관통하면서 대부분 소진되지, 몸을 밀어붙일 수는 없다. 실제로 경험자들은 총을 맞는 순간엔 아무 느낌도 없었으며, 나중에 상처와 흐르는 피를 봤을 때 비로소 고통과 충격을 느꼈다고 말하는 경우가 많다.

† 마침내 폐암과 흡연의 상관관계를 공개한 기자회견

20세기 전반기 동안 폐암으로 인한 사망은 빠르게 증가했다. 결핵이나 천연두 같은 전염병이 줄어드는 반면, 그런 병으로 인해 생겼을 사망자 수는 폐암, 심장마비, 뇌졸중 같은 비전염성 질병에 의해 대체되었다. 1905년에서 1945년 사이 남성의 폐암으로 인한 사망은 무려 20배나 증가했다. 1950년에는 폐암 사망자 수가 처음으로 결핵 사망자 수를 넘어서기도 했다.

그러나 아무도 폐암이 증가하는 원인을 알지 못했다. 당시에는 흡연이 해롭다는 사실을 아는 이가 거의 없었으니까. 아이들에게 담배를 파는 것은 금지였지만, 그건 성장을 저해한다고 믿어서였을 뿐이다. 그러던 1950년 리처드 돌(Richard Doll)과 오스틴 힐(Austin Bradford Hill)은 폐암의 원인이 흡연임을 증명하는 첫 중대 논문을 발표했다. 그리고 돌 자신도 흡연을 포기했다.

이 1950년의 연구는 사례 대조군 연구(case control study)였다. 그러니까, 폐암 환자 709명으로 이뤄진 한 조, 그리고 폐암에는 안 걸렸으나 모든 면에서 환자와 너무나 비슷한 709명으로 구성한 다른 조를 비교한 것이다. 이러한 사례 대조군 연구의 목적은 다른 조건들이 같을 때 두 집단에서 도드라지는 차이점이 있는지를 살피는 것이다. 이 경우, 과연 차이점이 발견되었다. 폐암 환자 조에서는 2명만 비흡연자였는데, 다른 조에서는 비흡연자가 27명이었다. 이는 통계적으로 중요한 발견이었으며, 동일 저자들이 시행한 1954년과 1957년의 연구에서도 재차 확인되었다.

1954년에 이르러 이 사실은 부인할 수 없게 됐다. 결국, 당시 영국 보수당 정권의 보건부 장관인 이언 매클라우드가 기자회견을 열고, 흡연이 폐암의 원인이라고 발표했다. 그런데 이 기자회견에는 작지만 놀라운 점이 하나 있었다. 매클라우드가 기자회견 내내 줄담배를 피워댄 것이다.

✝ 왜 의사 중에 그렇게 살인자가 많을까?

역사상의 살인자 목록에는 의료계 종사자들이 필요 이상으로 많은 것 같긴 하다. 왜 그런지 이유는 확실하지 않지만. 혹시 의사가 살인자라고 하면 더 뉴스거리가 되고 인상 깊어서 그런 걸까? 의사가 살인을 저지른다면 더 충격적이고 무섭지 않은가. 우리는 의사라고 하면 상당히 신뢰하니까 말이다. 의사는 그럴 마음만 있다면, 해를 끼치기 좋은 독특한 위치에 있어서, 범행 흔적을 은폐하기도 쉽다. 게다가 대중의 의학 상식은 너무나 기초적이라 권력과 지식의 추는 확실히 의사에게 유리한 쪽으로 기울게 마련이다.

의사들이 자주 살인을 저지르는 이유가 단순히 더 쉬워서라는 말은 사실인 것 같다. 먼저 의사들은 다양한 종류의 독에 대한 접근할 수 있고 그 사용법에 대한 전문적인 지식도 가지고 있다. 예를 들어, 어떤 독이 음식이나 음료에 녹아들어 숨을 수 있는지, 독이 효과가 나타나려면 얼마나 시간이 걸리는지 등. 또 어떤 병의 증상이 독의 효과와 비슷한지도 안다. 게다가 의사는 이런 독을 상대에게 주기도 쉽고, 결과에 대해서도 죄책감을 덜 느낄 수도 있다. 다른 한편, 의사들은 수술도구나 다른 흉기들도 쉽게 손에 넣을 수 있다. 인체에 대한 지식도 해박해서, 인간의 어디가 약하고, 어딜 어떻게 손상하거나 마비시킬지도 잘 안다. 사람을 재우는 방법이나 해부방법까지도. 하지만 이런 모든 사실을 고려하더라도 다음에 소개할 의사들의 극악한 행동을 어떻게 설명할 수 있을까?

처음으로 만나볼 의사는 역사상 가장 많은 살인을 저지른 살인마 중 한 명인 영국의 해럴드 시프먼(Harold Shipman) 박사다. 놀랍게도 그는 215명을 연쇄적으로 죽인 것으로 알려졌지만, 실제 피해자 수는 그보다 더 클 가능성이 있다. 피해자의 대부분은 자신이 치료하는 노년의 여성 환자였다. 시프먼은 이 환자들에게 치사량의 헤로인을 주사하고, 사망신고서에 직접 서명까지 했으며, 이 환자들이 원래 중증이었던 것처럼 진료기록을 위조했다. 결국, 시프먼은 2000년에 종신형의 15배에 해당하는 선고를 받았다. 당시 내무장관은 시프먼을 절대로 석방하지 말라고 명령했다. 2004년에 그는 자신의 독방에서 목을 매고 자살했다. 아래 이어지는 이야기들에 비추어보면 놀라운 일이지만, 시프먼은 자신의 환자를 살해해서 유죄를 선고받은 영국 역사상 유일한 인물이었다.

두 번째 의사-살인범은 에듬 카스탱(Edme Castaing). 1824년에 프랑스에서 처형당했다. 그는 이폴리트 발레라는 부유한 환자와 그의 형인 오귀스트를 모르핀으로 살해했다. 이 사건으로 카스탱은 모르핀이라는 새 약물을 살인에 사용한 첫 인물이 됐다.

다음은 영국의 의사인 존 보드킨 애덤스(John Bodkin Adams)로,

1950년대에 자신의 환자 160명 이상을 살해한 혐의를 받았다. 이 환자들은 모두 '의심스러운 정황'에서 사망했으며 자신들의 유언장을 통해 애덤스에게 재산을 남겼다. 그러다 애덤스는 1957년 이디쓰 모렐이라는 부유한 환자에게 신경 안정제 바르비투르산염, 헤로인, 모르핀 등을 치사량 이상 주입해 살해한 죄로 기소되었다. 애덤스는 미리 모렐의 장례식과 화장이 같은 날에 치러지도록 계획하기도 했건만, 무슨 이유에서인지 무죄를 선고받았다.

네 번째는 영국 블랙풀 지역의 의사였던 벅 럭스턴(Buck Ruxton). 그는 1935년 자신의 부인과 하녀의 시체를 토막 내서, 카펫과 커튼을 피범벅으로 만들었다. 그런데도 경찰에게 심문당할 때 그는 복숭아 통조림에 손을 다쳐서 피가 난 것뿐이라고 답했다.

헨리 홈스(Henry H. Holmes) 박사는 미국 최초의 연쇄살인범이다. 그는 1893년의 만국 박람회에 맞춰 시카고에 호텔을 열었다. 그가 직접 설계하고 지은 호텔이었다. 그런데 맨 위 두 층은 막다른 벽, 창문도 없는 방, 어디로도 이어지지 않는 계단, 그밖에 생각 없는 손님들을 헷갈리게 하는 구조물 등으로 이루어진 미로였다. 홈스는 직원들이나 자기 여자 친구들 등의 피해자들을 이 미로로 유인해서는 고문한 다음 죽였다. 어떤 방에는 가스 파이프를 설치해서 피해자들을 질식시켜 죽이기도 했다. 피해자들의 시체는 지하실로 통하는 통로에 던져졌고, 홈스는 지하실에서 사체를 해부하거나 의과대학에 팔아넘겼다. 결국, 홈스는 1896년에 필라델피아 지방교도소에서 교수형을 당했다. 그는 평생 미국 여러 주에서 100명 정도를 살인한 것으로 알려져 있다.

여섯 번째 필라델피아의 모리스 볼버(Morris Bolber) 박사. 그는 1930년대에 독극물을 사용하거나 모래주머니로 머리를 가격해 30명의 환자를 살해하려는 대담한 계획을 실행에 옮겼다. 모두 환자들의 보험금을 타내려는 속셈이었다.

영국의 크리픈(Hawley Harvey Crippen) 박사는 아내를 멀미약 하이오신으로 독살하고 지하실에 묻었다. 시체의 머리는 잘린 상태였는데 끝내 발견되지 않았다. 그리고 그는 애인과 함께 캐나다행 정기선에 탑승했다. 항해 내내 그의 애인은 소년 행세를 했다. 하지만 크리픈은 배 안에서 정체를 들켜버렸다. 그리고 모스 부호를 이용한 일련의 교신 끝에 그는 결국 캐나다에 도착하자마자 체포되었다.

마지막으로 영국의 지방 의사인 파머(Palmer) 박사. 그는 사치스러운 생활과 여성 편력으로 명성이 자자했으며, 돈을 많이 벌진 못했으나 충동적인 도박꾼이기도 했다. 그런데 함께 경마를 즐기던 존 쿡이라는 친구가 슈루즈베리 경마장에서 큰돈을 따게 되자, 파머는 이를 축하하자며 그를 만찬에 초대했다. 식사 후에 쿡은 격렬한 고통에 휩싸였고, 이틀 뒤에 사망했다. 그 후 부검 과정에서 몰래 시체의 위를 훔치려는 파머의 모습이 포착됐다. 그러자 파머는 검시관 사무실과 관련된 이들에게 뇌물을 줘 무마하려 했다. 하지만 쿡의 사망 며칠 전에 파머가 스트리크닌이란 독극물을 구매한 사실이 밝혀져, 끝내 살인죄로 기소되었다.

7

인간의 몸

의료의 기술은 자연이 질병을 치유하는 동안 환자를 즐겁게 해주는 데 있다.

— 볼테르(Voltaire), 프랑스의 사상가

✝ 딸꾹질은 왜 하는 걸까?

우리가 딸꾹질할 때의 물리적인 신체 반응은 바로 횡격막이 급격히 수축해서 공기가 폐 안으로 들어가는 것이다. 성문(聲門, glottis)이라 부르는 기도의 위쪽 입구가 35밀리세컨드(밀리세컨드는 1,000분의 1초) 안에 갑자기 닫혀버리면서, 그 이상한 '딸꾹' 소리를 내는 것이다. 다행히 대부분의 딸꾹질 발작은 금방 끝난다. 하지만 어쩌다 운이 나쁘면 며칠, 심지어 몇 주나 딸꾹질에 시달린다. 딸꾹질의 세계 기록 보유자는 미국 아이오와주 출신의 찰스 오즈번(Charles Osborne)인데, 그는 1991년 사망하기까지 놀랍게도 69년간이나 계속 딸꾹질을 했다. (사망의 원인이 딸꾹질은 아니었지만) 계속되는 딸꾹질에도 그는 어찌어찌 결혼해서 아이도 여덟 명이나 낳는 등, 비교적 정상적인 삶을 살았다.

그러면 딸꾹질의 원인은 대체 뭘까? 여기엔 많은 이론이 있는데, 아마도 다양한 원인이 있는 것으로 보인다. 어떤 이들은 딸꾹질의 원인이 웃음이나 목 근육의 움직임, 술이나 탄산음료의 섭취라고 주장한다. 공기를 너무 많이 들이마셔서라는 주장도 있다. 또 어떤 이들은 맵거나 기름진 음식 혹은 과식이 원인이라고도 한다. 한편, 딸꾹질을 일으킬 수 있는 질환도 있는데 그중에는 간질과 당뇨, 결핵, 장폐색 등이 포함된다. 어떤 남자가 나흘 동안 계속 딸꾹질을 했다는 어떤 보고서에 따르면, 그 원인은 남성의 귀에 난 털이 고막을 간질여서라나.

설득력 있는 한 가지 이론에 의하면, 딸꾹질은 미주 신경(迷走神經) 및 횡격막 신경 체계 때문에 일어난다. 끈질긴 딸꾹질은 흔히 신경의 손상 때문인데, 예를 들어 위에 언급한 신경계에서 발견된 종양이 그런 것처럼, 항암치료가 딸꾹질을 일으키기도 한다. 딸꾹질을 지속해서 하던 어느 환자는 뇌종양이 있음이 밝혀지기도 했는데, 결국 뇌종양의 3분의 2가 제거되고 나서야 딸꾹질이 멈췄다.

왜 우리가 이렇게 쓸모없고 짜증 나는 반사작용을 겪을까? 최근에 이것을 설명하는 흥미로운 가설이 하나 등장했다. 파리에 있는 피티에—살페트리에르 병원의 크리스티앙 스트로스(Christian Straus)가 주인공인데, 그는 딸꾹질이 올챙이처럼 아가미를 지녔던 아주 먼 옛날의 조상들로부터 내려온 진화의 유물이 남긴 흔적이라고 주장했다. 딸꾹질은 올챙이같이 원시적인 공기 호흡 생물들이 공기를 마시는 방식과 매우 유사하다. 올챙이는 물이 폐에 들어가는 걸 막기 위해 호흡과 동시에 성문을 닫아버린다. 초음파 사진을 보면 아기들은 자궁 내에서 숨쉬기 기능이 발달하기도 전인 겨우 12주 차에 딸꾹질을 시작한다. 따라서 딸꾹질은 양수가 폐로 들어오는 걸 막아주는 아기 성장의 중요한 단계인 것처럼 보인다. 만약 이게 사실이라면 왜 인간에게 여전히 딸꾹질 능력이 있는지가 설명되는 셈이다. 물론 어른들에게는 딸꾹질이 전혀 쓸모없겠지만.

† 다 좋은데... 딸꾹질은 어떻게 치료할까?

아쉽게도 이 점에서는 더욱더 합의가 어려운 것 같다. 다들 선호하는 딸꾹질 치료 방법이 있겠지만 어느 방법이 더 효과적이라는 증거는 없으니까. 흔히 듣는 충고로는 물을 (그것도 기이하게 몸을 꼬는 자세로) 마셔라, 식초를 마셔보라, 깜짝 놀라게 해보라, 종이봉투를 입으로 불어보라, 같은 것들이 있다. 호흡 조절하기, 재채기하기, 무언가를 빨기, 숨 참기, 혀를 쭉 내밀기, 눈알을 지그시 누르기, 설탕 한 숟갈 먹기 등을 권하는 사람도 있다.

딸꾹질이 지나치게 오래 계속되면, 시도해볼 만한 치료법도 있다. 최면, 침술, 코에 카테터를 끼우는 것 등이 그런 방법이다. 또 진정제와 항경련약 등의 약물치료도 생각해볼 수 있다. 하지만 이런 방법들은 정말 심각할 정도로 계속되는 딸꾹질의 경우에만 써야 한다. 왜냐하면, 진정제로 효과적인 딸꾹질 치료를 하려면, 환자가 완전히 의식을 잃을 정도의 양이 필요하기 때문이다.

† 껌을 소화하는 데 얼마나 오래 걸릴까?

껌을 삼키면 위 속에 7년이나 남아 있을 수 있으니까 절대 삼키지 말아라! 우리 모두 어렸을 때 그런 경고를 들은 적이 있다. 하지만 사실 이런 경고는 도시 괴담에 불과하며, 아마도 다음과 같은 관점에서 나온 말일 것이다. 1) 껌은 식품이 아니므로 삼켜서는 안 된다. 2) 껌은 분해되지 않는 신기한 성질을 가진 물질이다. 이 두 관점이 합쳐져서 '껌은 분해되지 않으므로 삼켜서는 안 된다'라는 쉬운 결론에 이른 것이다.

하지만 사실을 말하자면, 껌은 다른 음식들보다 위에 오래 남지 않는다. 크게 봤을 때 우리 소화계의 두 가지 기능은 바로 체내에서 써먹을 수 있는 것은 소화하고, 못 쓰는 것은 내보내는 것이다. 옥수수 알갱이처럼 우리 위가 분해하는 데 애를 먹는 음식은 많다. 하지만 그런 건 대변으로 모두 배출해 버리니까 별문제는 되지 않는다. 껌도 이와 비슷하게 소화할 순 없지만, 똑같이 대변으로 배출되는 것이다.

껌은 대개 껌 기초제(基礎劑), 향료, 감미료, 연화제(軟化劑) 등으로 이뤄진다. 마지막 3종류의 원료는 모두 위에서 쉽게 분해돼 소화된다. 그래서 우리가 껌을 씹을수록 맛과 달콤함, 부드러움이 그처럼 쉽게 사라지는 것이다. 하지만 껌 기초제는 소화가 되지 않는다. 요즘에는 껌 기초제가 주로 부틸 고무(butyl rubber)로 만들어지는데, 부틸 고무는 타이어의 안쪽 튜브를 제조하는 데도 쓰인다. 20세기 초에는 주로 멕시코 원산인 치클(chicle) 나무의 천연수지가 껌 기초제로 쓰였다. 멕시코인들은 수백 년에 걸쳐서 치클 수지를 씹었다.

사실 사람들은 수천 년 동안 온갖 종류의 껌들을 씹어왔다. 핀란드에서는 5,000년 전 것으로 추정되는 나무의 타르 덩어리 위에서 치아 자국이 발견되기도 했다. 마치 오늘날의 껌처럼, 핀란드인들은 타르 덩어리를 씹으면 구강 청결에 도움이 된다고 믿은 것이다. 또 나무 타르에는 방부제 성분도 들어있었던 듯하다. 그뿐만 아니라 고대 그리스인들과 미국 원주민들도 껌을 씹었다고 한다. 오늘날의 미군은 병사들에게 껌을 나눠준다. 집중력 향상과 구강 청결에 좋다는 이유에서다. 심지어 카페인을 섞은 껌을 제공하기도 하는데, 현장에서 일하는 군인들의 기민함을 유지하기 위해서다.

껌은 일반적으로 위에 달라붙거나 하지는 않는다. 하지만 많이 먹으면 다른 소화가 힘든 물질과 합쳐져 장애물을 형성하기도 한다. 최근 과학잡지 〈사이언티픽 아메리칸〉에는 대량의 껌을 동전과 해바라기 씨와 함께 먹은 세 아이의 사례가 소개되었다. 끈적끈적한 덩어리가 형성돼 위장에 달라 붙어버려, 병원 치료를 받아야 했다는 것이다. 따라서 일반적으로 껌이 위에 달라붙지는 않지만, 예외의 경우는 확실히 존재한다.

✝ '리버퀸 소와'란 무엇일까?

새로 나온 해리포터 소설의 제목처럼 들리는가? 아니다, '리버퀸 소와(小窩, Crypts of Lieberkühn)'는 인체의 한 부분이다. 정확히 말하면 소장과 결장의 안쪽 벽에서 발견되는 땀샘을 뜻한다. 해부학의 맥락에서 '소와'란 평평한 표면에 나 있는 구멍이나 끝이 막힌 관(튜브)을 뜻한다. 리버퀸 소와는 음식을 분해하는 데 필요한 효소인 수크라아제와 말타아제를 생성한다. 리버퀸 소와는 18세기 독일의 해부학자요한 나타나엘 리버퀸(Johann Nathanael Lieberkühn)의 이름을 딴 것이다.
리버퀸은 오늘날 다양한 장기와 (체벽과 내장 사이의 공간인) 체강(體腔)
에 밀랍을 주입하여 만든 의료용 표본의 제작자로 가장 잘 알려져
있다. 리버퀸이 만든 이 표본들은 걸작으로 인정받으며, 그의 사후에
도 100년 이상 꾸준히 사용되었다.

여하튼 이처럼 여러 저명한 의학계 인사들의 이름을 딴 특이한
인체 부위들이 존재한다. 변변찮은 내 의견이지만, 특히나 이국적이
면서도 재미있는 명칭들을 모아봤다.

*롤란도의 열(裂) 혹은 고랑 — 대뇌 피질에 패인 고랑을 뜻하며,
이탈리아의 해부학자인 루이지 롤란도(Luigi Rolando)의 이름을 딴 것
이다.

*윈슬로우공(孔) 혹은 윈슬로 구멍 — 복부의 두 체강 사이의 연
결점을 뜻하며, 덴마크의 해부학자인 야콥 윈슬로우(Jacob Winslow)의
이름에서 딴 것이다.

*애덤슨 둘레(테두리) — 모낭의 일부로, 활발히 활동하는 털 망울
이 비활동적인 털줄기를 만나는 지점이다. 영국의 피부과 의사 허레
이쇼 조지 애덤슨(Horatio George Adamson)이 발견했다.

*파터 팽대부(膨大部) — 간의 쓸개즙을 옮기는 담관(膽管)이 췌장의 이자액을 옮기는 췌관(膵管)을 만나는 지점에 형성되는 팽대부로, 독일의 해부학자인 아브라함 파터(Abraham Vater)가 처음 설명했다.

*슈반초(鞘) — 신경 섬유를 구성하는 마이엘린 층을 에워싸는 미세한 막을 뜻한다. 독일의 생리학자 테오도어 슈반(Theodor Schwann)의 이름에서 딴 것이다. 슈반은 많은 업적을 남겼는데, 그중 하나가 효모의 유기적인 성질을 발견한 것이다.

*윌리스 고리 — 뇌에 혈액을 공급하는 동맥들이 고리 모양으로 이뤄진 대뇌동맥륜(大腦動服輪)을 일컫는다. 뇌 해부학의 선구적인 연구원이었던 영국인 토머스 윌리스(Thomas Willis)의 이름을 딴 것이다.

*스카르파의 삼각 — 넓적다리의 한 부위인 대퇴삼각(大腿三角)으로, 피부 바로 밑에서 많은 주요 동맥 및 정맥들이 발견되는 지점이다. 따라서 수술에 있어서 매우 중요한 부위가 된다. 이탈리아의 저명한 해부학자 안토니오 스카르파(Antonio Scarpa)의 이름을 딴 것이다. 스카르파의 사후에 그의 머리는 절개되어 해부학협회에 전시되기도 했다.

† 보름달이 뜨면, 정말로 사람들이 미칠까?

수천 년 동안, 사람들은 달의 주기가 사람들의 행동에 영향을 미친다고 믿었다. 광기를 뜻하는 영어 단어 '루너시(lunacy)'와 '루너틱(lunatic)'도 로마 신화 속 달의 여신 루나(Luna)에서 왔다. 17세기 영국의 대법관 윌리엄 헤일 경은 달이 지닌 힘을 믿어 의심치 않아, 이렇게 말했다. "달은 모든 뇌 질환, 특히 치매에 큰 영향을 미친다."

사실 달의 주기와 인간 행동의 연관성에 대한 증거는 지금도 계속 쌓이고 있다. 우리도 모두 이를 보여주는 일화를 들어본 적이 있을 것이다. 보름달이 떴을 때 병원 응급실이 유난히 바쁘다거나, 학교의 학생들이 더 소란을 피운다든가, 폭력 범죄가 더 늘어나기도 한다는 식의 얘기들. 단순한 이야기가 아니라 좀 더 심각한 연구도 많다. 2000년 핀란드의 한 연구는 초승달이 뜨면 사람들의 자살률이 높아진다는 사실을 밝혀냈다. 2007년에는 영국 브라이턴의 경찰이 범죄 통계를 살펴본 결과, 보름달과 거리의 폭력 사태에는 직접적인 상관관계가 있다는 증거를 찾아내기도 했다.

하지만 이 모든 증거에도 불구하고, 달의 주기와 인간 행동의 관계는 사실 근거없는 '설'에 불과하다. 둘 사이에 유의미한 상관성이 존재하지 않기 때문이다. 어쩌면 '위에 나열된 강력한 증거들이 있는

데, 어떻게 상관이 없다는 거지?'라고 생각할 수도 있다.

하지만 그런 괴리를 설명하는 여러 요소가 있다. 우선 임의 변동 (random variation)이라는 게 있다. 어떤 통계치라도 자세히 들여다보면 특정 유형이 드러날 가능성이 크다는 얘기다. 문제는 이 유형이 통계적으로 의미가 있는가, 그리고 반복되는가이다. 따라서 일부 연구에서는 달의 특정 주기 동안 인간 행동이 실제로 바뀌는 것처럼 보이지만, 그렇지 않은 수많은 연구도 있으며, 심지어 정반대의 현상을 보여주는 연구들도 있다. 예를 들어 2000년 12월 31일자 〈영국의학저널〉에는 보름달이 뜰 무렵에 개에게 물리는 확률에 관한 두 연구 결과가 실렸다. 그중 하나는 확률이 증가한다고, 다른 하나는 확률이 낮아진다고 보고했다. 이 두 연구를 합치면 사실상 아무런 효과가 없다는 얘기다.

1986년에는 캐나다 서스캐추안 대학교의 과학자들이 '달이 인간의 다양한 행동에 대해 미치는 영향'에 관한 개별 연구 37개를 종합하는 메타 분석을 시행했다. 여기서 과학자들이 전반적으로 내린 결론은 무엇이었을까. 찾아낸 내용 중에는 통계적으로 의미가 적은 표본에 바탕을 둔 경우가 많다, 연구들의 결과가 서로 충돌하기까지 한다, 따라서 종합적으로 보면 달의 효과에 대한 큰 증거는 없다는 것이었다.

단순히 사람의 실수로 인해 문제가 생기기도 한다. 통계는 무척이나 복잡한 영역이며, 흠이 있는 연구도 아주 많다. 사실 위에 소개한 메타 분석 중 23개의 연구가 인간의 광기와 달의 주기 간에 상관관계를 보였다. 하지만 문제는 그 연구들 가운데 거의 절반이 하나 이상의 통계적 오류를 안고 있었다. 그래서 인간의 광기와 달의 주기의 상관성에 대한 종합적인 증거는 존재하지 않으며, 이후 실행된 다른 메타 분석들도 이를 입증했다. 그리고 상관성을 보이는 듯한 연구들은 사실 방법론적으로 흠결이 있는 경우가 많았다.

게다가 미디어가 이런 문제를 더 악화시킨다. 언론은 달과 광기의 이론을 확증하는 듯한 연구만 보도하기 때문이다. 물론 어느 정도 이해는 할 수 있다. 자살률과 달의 주기 사이에 아무런 관계가 없다는 연구는 재미도 없고 보도할 만한 얘깃거리도 아닐 테니까. 하지만 만약 일주일 후, 정말로 상관성이 있다는 연구가 나온다면? 그건 상당히 흥미로운 얘기가 될 것이다. 게다가 실질적인 해를 입히는 뉴스도 아니잖은가. 편집자에겐 채워야 할 페이지도 있고.

세 번째 측면은 '확증 편향(confirmation bias)'이라고 하는 경향이다. 사람들은 자신이 가진 믿음이나 가정을 뒷받침하는 사실을 주목할 가능성이 크다는 뜻이다. 가령 응급실에 근무하는 사람이 '보름달이 뜰 때 더 바빠진다'는 말을 들었다고 해보자. 그러면 그 사람은 무의식중에 보름달이 뜬 날과 바쁜 날에 더 주목하게 될 것이다. 그런 때가 지난 후엔 동료들과 커피를 마시면서, 보름달이 뜬 다른 날에 대해 수다를 떨 것이다. 물론 보름달이 뜨지 않아도 바쁜 날이 있고 보름달이 떴는데도 조용한 날도 있다. 하지만 사람들은 그런 날들은 알아채지도, 기억하지도 않을 가능성이 크다.

마지막으로 생각해볼 것은 보름달이 대체 어떻게 인간 행동에 의미 있는 영향을 미칠 수 있는지, 도무지 또렷하지 않다는 반론이다. '달 효과'가 있다고 믿는 이들은 주로 조수(潮水)를 근거로 들면서, 지구 표면의 80%가 물이고 인체의 80%도 물이니까 인체도 마치 조수처럼 달의 중력에 영향을 받는다고 주장한다. 하지만 이 주장에는 몇 가지 문제가 있다. 우선 보름달이 떴다는 것은 그저 달이 다른 때보다 좀 더 잘 보인다는 뜻일 뿐이다. 보름달이라고 해서 달의 중력이 더 높아지지는 않는다. 지구와의 거리는 초승달이나 보름달이나 똑같다. 따라서 둘의 중력의 효과도 똑같은 것이다. 둘째로, 달의 중력이 조수와 인체에 미치는 영향은 미미하다는 사실이다. 아기를 안은 엄마가 아기에 미치는 중력이, 달이 아기에게 미치는 중력의 1,200만 배나 더 크다는 추정치도 있다. 그저 엄마가 달보다 훨씬 더 아기한테 가깝게 있어서 그렇다는 것이다. 또 어떤 천문학자는 팔에 내려앉은 모기가 달보다 인체에 훨씬 더 큰 중력을 발휘한다고 추정했다.

† 하지만 달은 이미 월경 주기에 영향을 주지 않는가?

달이 월경 주기에 영향을 끼친다는 걸 누구나 알고 있으니, 인간에 대한 달의 영향은 의심의 여지가 없지 않은가? 이런 질문을 할 사람이 있을지 모르겠다. 하지만 널리 신봉되는 이 이론도 사실은 거짓이라는 증거가 있다. 이런 허튼 이론이 퍼지게 된 이유가 뭘까? 바로 두 보름달 간의 기간을 뜻하는 달의 주기(週期)가 29.53일로 월경 주기와 비슷하기 때문이다. 하지만 평균 월경 주기가 28~29일이라도 개개인의 월경 주기는 짧게는 21일, 길게는 36일이어서 천차만별이다. 따라서 이렇게 짧거나 긴 월경 주기는 29.53일이라는 달의 주기와 아귀가 맞지 않는다. 그럼에도 26~30일에 해당하는 월경 주기가 존재하기 때문에 이러한 믿음이 퍼지기에 충분한 것이다.

이렇게 월경 주기와 달의 주기가 동기화된 것처럼 보이는 이유는 월경 주기에는 여러 단계가 있고, 마찬가지로 달에도 여러 단계가 있기 때문이다. 이 단계는 하루가 아니라 며칠씩 지속하므로 월경 주기와 달의 주기를 연관 짓기 쉬운 것이다. 예를 들어 1980년의 한 연구결과에 따르면, 무작위 여성 표본의 40%가 보름달 전후의 2주간을 뜻하는 '라이트 하프 사이클' 안에 월경을 시작했다. 그런데 2주는 매우 긴 시간이다. 만약 여성의 월경 주기가 달과 동기화하지 않는다면 그저 여성 중의 40%가 2주라는 시간 안에 월경을 시작한 것에 지나지 않는다. 다시 말해 이 40%라는 수치는 달이 월경 주기에 전혀 영향을 미치지 않을 때의 기대 수치나 똑같은 것이다.

이와 관련된 또 하나의 믿음이 있다. 여자들이 가까이서 살거나 일할 때는 월경 주기가 동기화된다는 설이다. 하지만 아쉽게도 이 설 역시 여러 증거를 살펴보면 틀렸다. 일단 월경 주기가 달과 동기화된다면, 이 여자들의 월경 주기를 동기화할 수는 없다. 동시에 두 가지 요소와 동기화할 수는 없기 때문이다. 내가 주장하고자 하는 점은 월경 주기는 달과 관계가 없다는 것이다. 하지만 어쨌든 그 연관성을 믿는 이들은 여자들 사이의 동기화도 믿는 듯하다.

여성들 간 월경의 동기화 이론은 1971년에 미국의 심리학자 마써 머클린톡이 〈네이처〉에 논문을 실으면서 처음으로 큰 호응을 얻었다. 그녀는 논문에서 매사추세츠주 웰즐리 칼리지에 다녔을 때, 자신의 기숙사 동료들 간에 월경 주기가 동기화되는 경향이 있었다고 밝혔다. 하지만 이 연구에서 말하는 월경 주기는 서로 평균 5일 이내의 시차를 두고 시작됐다. 얼핏 생각하면, 이는 대단한 우연의 일치처럼 들린다. 하지만 실은 그렇게 작은 표본집단의 경우, 임의 변동 안에서는 얼마든지 예상 가능한 수치다. 만약 평균 월경 주기가 28일이라면 집단 내 두 여성의 월경 시작일 차이는 최대 14일이다. 가장 적은 차이라면 당연히 0일일 것이다. 따라서 우리는 여성들 간의 평균 월경 시작일 차이가 7일임을 예상할 수 있다. 또 구성원들 간 시작일의 차이가 7일 이하인 경우는 7일 이상인 경우만큼이나 많을 것이다. 그러니 이런 맥락에서 볼 때, 평균 5일 차이는 그렇게 놀라운 수치가 아니다.

이외에도 머클린톡의 연구에는 몇 가지 방법론적인 문제들이 있었다. 첫째로 여자들은 '사후적으로' 자신의 월경 시작일을 기억해 내 보고했는데, 여기서 확증 편향의 문제가 생길 수 있다. 두 번째로는 어떤 날짜 범위를 선택하는지의 문제다. 이 연구처럼 표본이 작고 무작위 데이터를 사용하는 연구에서는 명백히 군집을 이루고 있는 날짜 범위를 선택하기 쉽다. 이후 같은 결과를 도출하려는 다른 연구가 이어졌지만, 월경 주기의 동기화에 대한 증거는 찾지 못했다.

† 인체에서 영혼이 깃든 곳은 어디일까?

프랑스 철학자 르네 데카르트는 솔방울샘(pineal gland)이라는, 뇌의 중앙 깊숙한 데 있는 내분비샘에 매료되었다. 눈물방울처럼 생긴 이 아주 작은 내분비샘은 무슨 목적도 없는 것 같았다. 또 뇌에서는 유일하게 두 단위가 짝을 이루지 않고 단 하나의 단위로 구성된 부위로 보였다. 눈도 한 쌍이고 귀와 손도 한 쌍인 것처럼, 우리의 감각 기관들은 대개 한 쌍으로 작동하기 때문에, 데카르트의 이론은 이렇게 전개되었다. "뇌에는 틀림없이 하나의 중심지 혹은 '허브'가 있다. 이 허브에서는 짝을 이뤄 수집한 정보가 모이고 흡수된 다음, 우리가 마음 또는 영혼이라 부르는 부위에 단일 감각 경험으로 제시된다." 데카르트는 솔방울샘이야말로 바로 인간의 영혼이 자리 잡은 곳이며 여기서 인간의 사고와 아이디어가 형성된다고 결론지었다.

이제 우리는 솔방울샘이 뇌의 다른 부분과 함께 어떻게 작동하는지를 그저 약간 더 알고 있다. 가령 솔방울샘이 몇몇 기능을 담당한다는 것을 알게 됐는데, 그중 하나가 사춘기를 조절하는 멜라토닌을 분비하는 일이다. 멜라토닌은 또 우리 몸의 생체시계라 할 수 있는 생체 리듬(circadian rhythm)을 관장하며, 생체 리듬은 하루 중 언제 우리가 가장 깨어 있는지, 언제 가장 졸리는지, 언제 몸 상태가 가장 좋은지, 등을 결정한다.

하지만 신비주의적 성향이 있는 사람들은 솔방울샘이라는 이 신비스러운 기관이 좀 더 특이한 기능을 담당한다고 주장한다. 가령 솔방울샘은 제 삼의 눈이라 일컫는 광수용(光受容) 두정안(頭頂眼)과 진화론적 연관성이 있는 것 같다고 해서, 솔방울샘을 '세 번째 눈'이라 부르기도 한다. 참고로 두정안은 도마뱀이나 개구리나 칠성장어 등의 동물에서도 발견된다. 또 솔방울샘에서 DMT라 부르는 천연 환각제가 분비된다는 주장도 있다. 이 DMT는 죽음의 문턱에 간

듯한 임사체험(臨死體驗)과 연관성이 있다고 한다. 말하자면 유체이탈의 감각이나 터널의 끝에서 빛을 보는 경험, 천사들과의 조우 같은 현상 등이다. 또 솔방울샘은 우리 몸이 코카인이나 항우울제 같은 특정 약물들에 반응하는 방식에도 영향을 미치는 것 같다.

물론 그렇다고 우리의 영혼이 안착한 데가 솔방울샘은 아닐 터. 하지만 솔방울샘에 대한 이해는 아직도 턱없이 부족해 수수께끼로 남아 있다. 2007년에는 중국에서 솔방울샘에 대한 MRI 스캔 실험이 이루어졌는데, 정좌한 채 진언을 외우는 종교적 명상을 하면 솔방울샘 주위가 활성화된다는 사실을 밝혀냈다. 물론 이는 아주 규모가 작은 연구였지만, 솔방울샘의 신비주의를 강조하기에 충분했다.

† 런던 택시 기사들의 뇌가 더 크다고?

런던의 명물 택시 블랙 캡의 운전기사가 되려면 'The Knowledge'라는 무척이나 까다로운 주행 코스를 거쳐야 한다. 이 코스를 통과하려면 런던 구석구석의 흥미로운 장소를 모조리 익숙하게 알아야 한다. 그러기 위해서는 최대 3년을 배워야 하며, 덕분에 응시자의 4분의 3 정도는 중도 하차한다고 한다.

2000년 유니버시티 칼리지 런던의 뇌과학자인 엘리노어 머과이어(Elenor Maguire)는 런던의 택시 기사들이 일반인보다 뇌의 특정 부위가 훨씬 비대하다는 연구결과를 내놓았다. 그렇다면 특정 부류의 뇌를 가진 이들만 그 주행 코스 시험을 통과할 수 있다는 걸까? 아니면 혹시 택시를 운전하다 보면 뇌의 특정 부위가 비대해진다는 걸까? 머과이어의 연구에서는 이 두 가지 가능성을 구분하려 노력했다. 그리고 나서 연구팀이 내린 결론은 기사의 택시 운전 경력과 해마 뒷부분의 크기 사이에 정적(正的) 상관관계 또는 양(陽)의 상관관계가 있다는 것이었다. 다시 말해 택시 운전 경력이 더 길수록 해마 뒷부분의 크기가 컸다는 얘기다. 따라서 택시 운전은 뇌의 확장을 가져올 수 있음을 시사했다.

그런데 흥미롭게도 연구팀은 이런 현상에는 대가가 따른다는 점을 발견했다. 택시 운전기사들의 해마 뒷부분이 더 커지는 것은 이 부분이 방향 탐색과 기억에 활용되기 때문이다. 그런데 뒷부분이 커진 만큼 해마 앞부분의 크기는 줄어든다는 것이었다. 따라서 전반적으로 운전기사들의 뇌가 일반인들의 평균보다 더 크지는 않았다. 따라서 택시 운전기사들은 방향 탐색의 전문성을 개발하느라 다른 기능들이 퇴화할 수도 있음을 뜻하는 것이었다.

† 우리는 뇌의 몇 %나 사용할까?

우리가 겨우 뇌의 10% 정도만 사용하고 있음은 널리 알려진 사실이다. 우리에게 지적능력을 개선할 엄청난 잠재능력이 있으며, 어쩌면 아직 알지 못하는 영적 능력도 활용할 수 있으리란 사실도 잘 알려져 있다. 하지만 안타깝게도 이 또한 거짓으로 판명된 설에 불과하다. 뇌의 '작은 한 부분'이라 하지 않고 거의 언제나 '10%'라고 단정하는 특성 자체도 마치 무슨 과학 연구를 바탕으로 하는 듯한 인상을 준다. 하지만 그런 연구는 존재하지도 않으며, 이 '10% 설'도 어쩌다 자리 잡은 것에 불과하다.

우리가 두뇌의 고작 10%만 사용한다는 설은 19세기 말에 처음 등장한 것으로 보인다. 당시 미국의 선구적인 심리학자 윌리엄 제임스(William James)가 자신의 저서 《인간의 에너지(The Energies of Men)》에서 이렇게 언급한 게 그 근원으로 알려져 있다. "우리는 활용 가능한 정신적 및 육체적 자원 중에서 고작 작은 부분만 쓰고 있을 뿐이다." 미국의 인류학자인 마거릿 미드도 이와 비슷한 말을 했다. 또 아인슈타인 역시 자신의 지능에 대해 비슷한 뉘앙스로 언급한 바 있다. 어찌 되었건 이 '10% 설'은 마치 증명된 과학적 사실처럼 받아들여지고 있다.

하지만 이런 이론이 어떻게 사실일 수가 있단 말인가. 어떤 의미 있는 방식으로도 이해할 수 없다. 만약 인간 두뇌의 90%가 정말 사용되지 않는다면, 만약 사고로 이 90%를 잃더라도 부작용은 없어야 하지 않겠는가. 하지만 현실에서는 뇌에 아주 작은 손상만을 입어도 인간의 능력은 극적으로 퇴화한다. 게다가 인간 뇌의 90%를 제거하면 겨우 140g만 남는데, 이 크기는 양의 뇌와 비슷하다. 물론 양은 귀엽지만 별로 똑똑하지는 않잖은가.

또 하나의 반박은 우리 몸의 부위는 사용하지 않으면 대개 퇴화하는 경향이 있다는 사실이다. 만약 누군가의 다리가 부려져서 몇 주간이나 깁스를 하고 지냈다고 가정해보자. 그 다리는 거의 사용을 못 해서 눈에 띄게 약해질 것이다. 만약 인간 뇌의 90%가 전혀 사용되지 않는다면 성인들의 뇌는 쪼그라들어 퇴화해야 할 테지만, 현실은 그렇지 않다.

그리고 뇌의 90%를 전혀 사용하지 않는다면 우리는 아마 더 작고, 덜 복잡한 뇌를 가지도록 진화했을 것이다. 또 출산의 고통과 위험을 줄이기 위해 머리통도 작아졌을지 모른다. 인간의 뇌는 신체 몸무게의 약 3% 정도만 차지하지만, 우리의 에너지 및 자원의 20%라는 엄청난 양을 소비한다. 만약 인간 뇌의 90%가 쓸모없는 물질로 이뤄졌는데도 그 많은 에너지를 소비해야 한다면, 시간이 흐르면서 좀 더 효율적인 시스템으로 진화했을 법하지 않은가.

이처럼 '10% 설'이 거짓이라 할지라도, 어떻게 이런 오해가 불거졌는지는 이해할 만하다. 우선 우리 뇌는 고작 10%만 뉴런으로 구성되어 있고, 나머지 90%는 신경아교세포(阿膠細胞)로 구성돼 있다는 것으로 설명할 수 있으리라. 아교세포는 뉴런을 감싸고 영양을 공급하는 일을 한다. 과거에는 아교세포의 기능이 매우 제한적이라고 보았지만, 최근의 여러 연구에 따르면 뉴런처럼 아교세포에도 화학적 시냅스가 있어서 신경전달물질을 방출한다고 한다. 그런데 사람들은 뉴런과 아교세포의 비율만 보고 뇌에서 중요한 부분은 뉴런뿐이라는 결론을 내린 건 아닐까? 뉴런이 뇌의 10%를 차지하니 말이다. 혹은 한 번에 발생하는 뉴런의 수가 이론상 약 10% 정도라는 데서 연유했을 수도 있다. 물론 이런 수치가 어떻게 측정된 건지는 명백하지 않다. 그것이 어떻게 생겼든지, 좌우간 '10% 설'은 틀림없이 틀렸다. 다양한 뇌 영상 스캔 결과를 봐도 우리는 뇌의 구석구석을 다 활용하고 있다. 어떤 순간에도 우리 뇌의 대부분은 활발하게 움직인다. 심지어 잠을 자는 동안에도 마찬가지다.

† 여성의 가슴은 점점 커지고 있을까?

실제로 그렇다. 1983년에는 미국에서 제일 잘 팔리던 브래지어의 사이즈가 34B와 36B였는데, 지금은 제일 잘 팔리는 사이즈가 36DD라고 한다. 정말 엄청난 증가가 아닐 수 없다. 영국에서는 막스 앤 스펜서 백화점에서 판매하는 가장 큰 크기의 브래지어가 G였다. 그런데 2007년부터 새로이 GG, H, HH, 그리고 J 사이즈를 선보이기 시작했다. 더 큰 가슴을 지닌 현대 여성의 요구를 맞추기 위해서였다. 대체 왜 이런 현상이 나타났을까?

한 가지 명확한 답은 무엇보다 사람들의 몸이 더 커지고 있다는 것이다. 2007년부터 지금까지 미국 여성의 비만율은 2.1%에서 35.3%로 급증했다. 또 현대 여성들의 영양 상태도 과거보다 좋다. 키도 더 커지고 단단한 신체 구조를 지녔다는 말이다. 물론 가슴 확대 수술이 증가한 것도 가슴이 커진 이유가 될 수 있지만, 그리 대단한 요인은 아니다. 2007년의 경우, 미국 내 가슴확대 수술은 겨우 30만 건이 조금 넘는 정도였다. 30만 건이라는 숫자가 많아 보일 수도 있지만, 실은 전체 여성 인구 1억 5,500만 명에 비하면 별로 높은 비율은 아니다. 가슴 크기 증가의 또 다른 원인은 피임약의 사용 증가다. 가슴 크기에 영향을 미치는 주요 원인이 호르몬 수치이기 때문이다.

어떤 이들은 딱 맞는 브래지어 사이즈 선택에 대한 교육의 개선도 원인으로 여긴다. 여러 가지 설문 조사에 따르면, 모든 여성의 70~90% 정도가 적절하지 않은 사이즈의 브래지어를 착용한다. 일부 전문가들은 지금의 브래지어 측정 체계는 너무 오류가 많아서 쓸모없다고 볼 정도다. 2005년 〈오프라 윈프리 쇼〉에서는 딱 맞는 브래지어 사이즈를 고르는 방법에 대한 특집을 마련했는데, 이로 인해 맞춤형 브래지어를 선택할 용기를 얻은 여자들이 어마어마하게 많아졌다. 그리고 그들은 대부분 브래지어의 밴드를 더 작은 것으로 바꾸고, 컵은 더 큰 것으로 바꾸었다.

여자들의 가슴은 더 커지고 있는 것 같지만, 동시에 '브래지어 컵 인플레이션'이라는 흥미로운 현상도 진행 중이다. 이는 패션업계에서 일어나는 '역회귀' 추세와도 비슷하다. 지금 업계에서는 각 드레스 사이즈가 점점 더 커지고 있어서, 몸집이 큰 체구의 사람들이 예전엔 더 작은 사양으로 재단되었던 옷을 점점 더 많이 껴입는다. 결과적으로 그런 이들도 여전히 예컨대 사이즈 14를 입는 셈이어서, 스스로 기분 좋게 된 것이다.

매릴린 먼로의 드레스 사이즈가 여전히 사람들의 흥미를 자극하는 이유도 여기에 있다. 먼로의 드레스 사이즈가 16(우리나라의 77 사이즈)이었다는 주장은 널리 퍼져 있고, 그 때문에 현대의 모델들이 너무 마른 것인가, 아니면 미의 기준이 바뀐 것인가에 대한 논쟁도 계속되어왔다. 하지만 1950년대에 먼로가 16 사이즈의 드레스를 입었다고 해서, 오늘날에도 그녀가 16 사이즈일 거라는 뜻은 아니다.

최근에 영국의 한 패션 관련 작가가 먼로의 드레스 몇 가지를 입어 볼 기회가 생겼다. 그런데 그 사이즈가 오늘날 영국의 8 혹은 10호, 그러니까 미국의 4 혹은 6 크기와 비슷하다는 거였다.

반면, 브래지어 크기의 '컵 인플레이션'은 이와 정확히 반대로 가고 있다. 속옷 제조업체들이 점점 더 과거보다 큰 브래지어 사이즈로 표기하고 있어서, 구매자들은 자기 가슴이 좀 더 풍만하고 섹시하다고 느낄 것이다. 몇 년 전만 해도 36C를 착용했던 여성은 실제로 가슴 크기가 변하지 않았음에도 오늘날에는 36DD를 착용하게 되는 식이다.

한편, 커지고 있는 것은 여성들의 가슴뿐만이 아니다. 남성들의 가슴도 커지는 중이니까. 제대로 된 이름으로는 '여성형 유방'이라고 하는 이 증상은 점점 증가하는 추세다. 그 원인은 호르몬 불균형이나 과도한 체지방으로 알려져 있다. 체중 감량이 증상을 완화할 수 있겠지만 수술을 생각하는 환자들도 많다.

✝ 혀가 우리 몸에서 가장 강한 근육이다?

이 또한 이렇다 할 증거가 없으면서도 널리 퍼진 '설'에 불과하다. 혀를 우리 몸에서 가장 강한 근육으로 볼 만한 '강함'의 정의도 상상하기 힘들다. '가장 강한 근육'의 가장 그럴듯한 정의를 굳이 찾자면, 아마도 '외부 물체에 가장 직접적이고 측정 가능한 힘을 가할 수 있는 근육'일 터인데, 그렇다면 최강 근육은 바로 '교근(咬筋, masseter muscle)'이다. 교근은 턱의 근육으로 턱 양쪽에 하나씩 자리 잡고 있는데, 이 교근이 다른 근육에 비해 강한 이유는 턱뼈를 강력한 지렛대로 사용할 수 있기 때문이다. 기네스 세계 기록에 의하면, 그 결과 턱 근육은 2초 동안 442kg의 교합력(咬合力), 즉, 꽉 깨무는 힘을 과시한다고 한다.

하지만 만약 턱뼈와 같은 기계적인 이점이 없다면, 가장 센 근육은 단순히 가장 큰 근육일 것이다. 왜냐면 근육 섬유 하나하나는 대개 비슷한 힘을 지니기 때문이다. 이런 잣대로 보면 가장 큰 근육은 (개개인에 따라 다르긴 하지만) 바로 앞 허벅지 근육인 대퇴사두근(大腿四頭筋), 아니면 사실상 엉덩이에 해당하는 대둔근(大臀筋)이다.

하지만 근력을 정의하는 데는 몇 가지 다른 방법이 있다. 무게를 고려하지 않는다면, 대체로 짧은 근육이 긴 근육보다 더 강한 편이다. 무게에 비하면 자궁 근육층이 가장 강한 근육이다. 자궁 전체의 무게는 겨우 1.1kg밖에 되지 않지만, 출산 시에 내는 힘의 크기는 45kg에 육박한다. 또 가장 강한 근육을 다른 관점에서 찾아본다면 심장 근육일 수도 있다. 평생 다른 어떤 근육보다 가장 많은 일을 하는 것이 심장 근육이기 때문이다. 근육이란 대부분 일을 하면 금방 피곤해진다. 하지만 심장은 끊임없이 뛰고 있다. 한마디로 인체에서 가장 강한 근육이 무엇인지에 대한 관점은 꽤 다양하지만, 그중에서 혀는 어떻게 보더라도 정답이 될 수 없다.

How To Remove a Brain

8

무례한 사실들

웃을 수 있을 때 언제든 웃어라. 아주 값싼 약이니까

— 바이런(Lord Byron), 영국의 시인

† '사운딩'이 뭐지?

임질(淋疾, gonorrhea)은 불임을 초래할 수도 있는 상당히 흔한 성병인데, 20세기 들어 항생제가 개발되기 전까지는 효과적인 치료법이 없었다. 남성 임질 환자들은 소변을 볼 때마다 고통을 겪어야 하고, 후림(後淋)이라고 부르는 끈적끈적한 노란 고름이 나올 경우도 있다. 여성도 임질에 걸리면 비슷한 증상을 겪을 수 있지만, 아무런 증상을 보이지 않는 경우도 상당히 많다. 하지만 일단 임질 감염이 체내에 퍼지기 시작하면 심각한 합병증을 일으킬 수 있다.

임질은 요도 내부에 생채기를 내거나 원활한 배출을 막기도 한다. 요도는 방광에서부터 생식기 입구까지 연결된 관으로, 우리는 이 관을 통해 소변을 본다. 남성은 요도가 음경을 따라 이어져 있고, 여성은 질 입구 바로 위에 자리하고 있다. 이 요도가 막히면 소변을 보는 것이 매우 고통스럽거나 심할 경우 아예 소변을 보지 못할 수도 있다.

'사운딩(sounding)'은 바로 이런 요도의 막힘을 치료하는 방법이다. 의사는 요도의 입구에 긴 금속 탐지기를 삽입하여 요도관을 넓히고 어떤 막힘이라도 뚫어내는데, 이 탐지기를 '사운드'라고 부르는 것이다. 이 처방은 환자에게는 극도로 불쾌한 경험이어서, 심지어 기절하는 남자도 있을 정도라고 한다.

오늘날에는 임질을 항생제로 치료하니까 사운딩은 끝났다고 생각하기 쉽다. 하지만 놀랍게도 사운딩은 계속 이루어지고 있다. 왜 그럴까? 사운딩이 재미있다고 생각하는 사람들이 있어서다. 성인용품 사이트에는 온갖 종류의 모양과 크기의 사운드를 팔고 있으며 그 이용법까지 나와 있다. 특히 누가 봐도 쾌감을 주는 행위는 구부러진 사운드를 요도에 삽입하여 방광까지 닿게 한 후, 전립선을 자극해주는 것이다. 심지어 사운드 기능을 장착한 피어싱도 있다. 이 중 하나가 '왕자의 지팡이'로 알려진 상품인데, 귀두에 두툼한 링을 삽입하는 '프린스 앨버트 피어싱'으로 단단히 고정한 요도 사운드라고 할 수 있다. 살아가는 것만으로는 충분히 고통스럽지 않다는 것인지, 원.

✝ 콜럼버스가 신대륙에서 유럽으로 매독을 퍼뜨렸을까?

이 질문은 지금도 여전히 열띤 논쟁이 오가는 주제다. 크리스토퍼 콜럼버스가 1493년 미대륙을 향한 첫 번째 여행에서 돌아올 때, 그의 탐험대의 일부 대원들이 신대륙에서 걸린 매독을 지니고 왔다는 이론이다. 그로부터 2년 안에 유럽에서 매독이 처음으로 유행되기 시작했고, 그 뒤 400년 동안이나 유럽대륙은 매독에 시달리게 되었다는 것이다.

이것은 전혀 새로운 이론이 아니다. 사람들은 수 세기 동안이나 콜럼버스의 탐험이 유럽에 매독을 전파했다고 믿어왔으며, 이를 뒷받침할 증거들도 상당하다. 유럽에서 매독이 처음으로 창궐한 것은 1495년 프랑스 군대에서였는데, 병사 중에 콜럼버스가 고용했던 대원들이 상당수 포함되어 있었다고 한다. 고고학적 증거도 있다. 매독 환자들의 유골에는 특이한 병변(病變), 즉, 병리적 변화가 있었고 두개골이 움푹 들어가 있었다. 그런데 콜럼버스 도착 이전까지 남미에는 그런 특징이 있는 유해들이 많았다. 콜럼버스가 도착하기 전부터 남미에 확실히 매독이 있었다는 뜻이다. 최근의 한 연구에서는 트레포네마 팔리둠이라는 매독 원인균 가운데 26가지 유형의 분자 구조를 관찰했다. 그 결과 성병인 매독을 일으키는 박테리아는 가장 최근에 발생한 것으로 남미의 매독균과 매우 근접한 형태였다.

하지만 이 이론을 비판하는 목소리도 있다. 콜럼버스가 유럽으로 돌아오기 전 이미 유럽에 매독이 있었다는 증거도 더러 있기 때문이다. 하지만 당시에는 그런 매독 증상들을 나병으로 오인했을 가능성이 크다. 기원전 4세기에 히포크라테스는 매독으로 볼 수도 있을 만한 증상을 설명해놓았다. 또 여전히 논란의 대상이긴 하지만, 14세기 영국과 이탈리아의 유골 파편들에는 매독의 흔적으로 보이는 표시들이 있다. 한편, 앞서 소개한 최근의 분자 연구에 대한 일부 인류학자들의 반박도 있었다. 이들은 트레포네마 균의 여러 유형이 보여주는 유사점은 연구에서 밝힌 것보다 적으며, 따라서 이로부터는 확실한 결론을 내리기가 힘들다고 주장했다.

콜럼버스가 거꾸로 유럽에서 신대륙으로 옮긴 질병이 매독보다 훨씬 더 치명적인 영향을 미친 사실도 상황을 더 복잡하게 만든다. 신대륙의 원주민들은 정복자들이 선보인 세균에 대한 저항력이나 면역력이 전혀 없었다. 콜럼버스의 도착 이후 처음 발생한 유행병은 바로 돼지독감으로, 그의 배에 있던 돼지들로부터 전파된 것이었다.

그 후에는 오늘날의 아이티인 히스파니올라, 푸에르토리코, 쿠바에서 천연두가 번졌다. 스페인의 탐험가 코르테스는 아즈텍 왕국의 수도로 지금의 멕시코시티인 테노치티틀란을 공격하는 데 겨우 300명의 부대원을 동원했을 뿐이었다. 그런데도 겨우 3개월 만에 도시는 함락되었고, 도시 인구의 반 이상인 30만 명이 사망했다. 대부분 천연두로 인한 사망이었다. 그 후에도 홍역, 발진티푸스, 인플루엔자 같은 질병들이 남아메리카를 휩쓸었고 원주민들은 대량 살상을 당했다. 멸종 위기에 처한 원주민 종족도 많았다. 그래서 콜럼버스의 히스파니올라 도착은 '인류 건강의 역사에서 가장 끔찍한 사건'이라는 평을 받는다.

† 왜 '분만겸자'는 한 세기 넘도록 비밀에 부쳐졌을까?

16세기에 아이를 낳는 것은 고통스럽고도 위험한 일이었다. 만약 어떤 합병증이라도 생기면 산모와 아기가 생존할 가능성은 희박했다. 16세기 말 어떤 프랑스 형제가 런던에서 이름을 날리기 시작했다. 1576년 프랑스에서 도피한 위그노 교도 의사 윌리엄 체임벌린(William Chamberlen)의 아들들이었다. 이 형제는 특이하게도 둘 다 이름이 피터여서, 각각 형 피터와 동생 피터로 불렸다.

체임벌린 가문의 사업은 외과 수술, 그중에서도 특히 산과産科

수술이었다. 당시에는 남성 산파가 드물었음에도 말이다. 형 피터는 런던에서 덴마크의 앤 여왕의 외과 겸 산부인과 담당 의사가 되었다. 형제의 이름이 나날이 유명해지고 형 피터가 영국 왕족의 중요한 출산에 여러 번 관여하면서, 이들은 부와 명성을 모두 거머쥐게 되었다.

그런데 피터 형제의 성공에는 굉장한 비밀이 있었으며, 그들은 이 비밀을 공공연히 암시하기까지 했다. 그들에겐 특별한 기술이(어쩌면 특별한 도구가) 있어서 다른 산파들이라면 절대 불가능하다고 했을 상황에도 안전하게 분만할 수 있음을 은근히 내비친 것이었다. 이게 만약 사실이라면 물론 많은 목숨을 구하고 대중에 엄청난 혜택을 줄 가능성이 있었다. 하지만 당시에는 그런 도구나 기술에 대한 특허를 바랄 수도 없어서, 형제는 이를 비밀로 남기는 게 상업적으로 득이 된다고 느꼈다.

이 비밀을 지키기 위해 형제는 별의별 노력을 다 기울였다. 남자 두 명을 고용해 커다랗고 화려한 상자를 분만실로 옮겨오게 했다. 이 상자에 어떤 크고 복잡한 기계가 있다는 인상을 주려고 한 것임이 분명하다. 형제는 출산을 앞둔 산모의 눈을 가려 이 기구를 보지 못하게 했으며, 다른 사람들이 방에 들어와 보는 것도 금지했다. 대신 사람들이 문밖에서 초조해하며 소리를 엿듣는 것만 허락했다. 분만 과정 중 방에서는 마법의 기술이라도 작동하는 것처럼 종이 울리고 기이한 기계 소음이 들려왔다.

물론 이 모든 조치는 다 속임수에 불과했다. 마법의 도구는 다름 아닌 분만겸자(分娩鉗子, obstetrical forcep)이었다. 이 구부러진 집게 모양의 양날 도구는 오늘날에도 난산의 경우 이용된다. 형 피터가 이 도구를 발명한 것으로 추측된다. 체임벌린 가문의 비밀은 18세기가 훨씬 넘어서까지 계속돼, 동생 피터의 아들과 손자, 증손자까지 가업의 전통을 이어갔다. 따라서 외부인은 난산에서 놀라운 성공을 자랑하는 이 가문의 비밀을 절대 알아차리지 못했다. 물론 체임벌린 집안은 이 도구의 판매를 여러 번 시도했고 결국 피터의 손자인 휴스(Hugh)가 판매에 성공한 것으로 알려져 있다. 그는 네덜란드의 엄선된 의사들에게 분만겸자를 팔았다. 하지만 그 비밀은 1720년이 돼서야 대중에 밝혀졌다. 분만겸자가 발명된 지 120년도 더 지난 후의 일이었다.

1650년에는 출산 중에 산모가 사망하는 비율이 출산 1만 건당 160건이었다. 하지만 분만겸자를 널리 사용한 덕분에 1850년에는 1만 건당 55건 정도로 감소했다. 이는 한 세기 이상이나 얼마든지 살릴 수 있었던 산모의 사망이 어쩔 수 없었던 사망보다 3배나 더 높았음을 뜻한다. 1813년 에식스 카운티에 있는 체임벌린 가문의 으리으리한 시골 저택. 다락방의 트랩도어 아래 숨겨져 있던 분만겸자가 마침내 발견되었다.

✝ 풍만한 가슴의 한 여자 때문에 청진기가 탄생했다고?

수백 년 동안 의사들은 환자의 심장박동이나 폐의 상태를 듣기 위해 환자의 벗은 가슴 위에 귀를 대곤 했다. 심지어 피로에 지친 의사가 부드럽고 따뜻한 가슴에 기대서 깜빡 조는 일까지 보고될 정도였다. 하지만 일부 의사들은 이런 기술이 효과가 없을 뿐 아니라 민망하다고 느꼈다. 프랑스 의사 르네 라에네크(René Laennec)도 그중 한 사람이었다.

1816년의 어느 날, 라에네크는 진찰하기가 어려울 정도로 가슴이 커다란 한 여성 환자를 마주하게 된다. 그는 불현듯 묘책을 떠올렸다. 아마 그가 플루트 연주자인 게 도움이 된 듯했다. "순간 나는 잘 알려진 음향 현상을 떠올렸어요. 만약 나무판자의 한쪽 끝에 귀를 대고 들으면, 그 반대쪽 끝에서 나는 핀이 떨어지는 소리까지 선명하게 들리는 현상 말입니다." 이런 현상에 영감을 받은 그는 냉큼 종이 몇 장을 말아서 원시적인 청진기 형태로 가다듬었다. 이렇게 해서 그는 환자의 가슴에 가까이 갈 필요 없이 심장박동을 들을 수 있었다.

그런데 라에네크는 이 도구가 '쓸 만한' 정도가 아니라 대단히 탁월하다는 것을 깨닫고 깜짝 놀랐다. 환자의 가슴에 귀를 대는 것보다 훨씬 더 선명한 심장박동 소리를 들을 수 있었기 때문이다. 이 성공에 힘입어 라에네크는 제대로 된 의료 도구를 발명하기 시작했다. 그가 처음 고안한 청진기는 한마디로 긴 나무 원통이었다. 그는 이 개념을 더 정교하게 발전시켰다. 이 도구를 이용해서 심장과 폐에서 나는 다양한 소리를 분류하고 살필 수 있게 됐다. 그것도 전보다 훨씬 더 자세하고 선명하게. 오늘날 의사들이 쓰는 심장이나 폐의 소리를 나타내는 용어 중에는 라에네크가 처음 기록하고 정의한 것들이 많다.

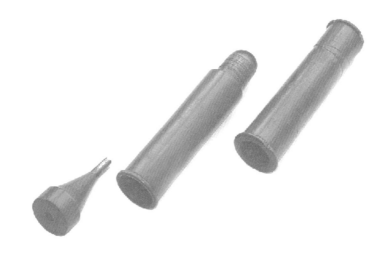

✸ 초기 청진기 중 하나. 프랑스 의사인 르네 라에네크가 고안한 것이다.

오짝한 의학의 세계사

† 조지 왕 시대, 미스 제니의 세탁소가 특별했던 이유는?

그 답은 바로 이 세탁소가 콘돔을 세탁하는 곳이었기 때문이다. 미스 제니(Miss Jenny)의 세탁소는 채링 크로스 근처의 세인트 마틴 스트리트에 있었다. 이 세탁소에는 열정적인 젊은 남성들이 콘돔의 재사용을 위해 세탁을 맡겼다. 당시의 콘돔은 아마(亞麻)의 실로 짠 얇은 직물인 리넨이나 동물의 창자로 만들었다. 그녀의 세탁소에서는 심지어 빨아서 말리려고 내걸어놓은 중고 콘돔까지 판매했다고 한다.

오늘날의 콘돔은 대개 라텍스로 만드는데 1920년이 돼서야 발명되었다. 하지만 사람들은 여러 세기 동안 다른 재료들을 이용한 기초적인 형태의 콘돔을 써왔다. 또렷한 증거는 딱히 없지만 콘돔 사용의 역사는 로마 시대까지 거슬러 올라간다고 한다. 콘돔에 대한 확실한 첫 언급은 1564년 이탈리아의 해부학자 가브리엘레 팔로피오(Gabriele Falloppio)의 책《프랑스 질병》에서였다. 이 '프랑스 질병'이란 바로 매독을 의미했다. 팔로피오는 처음으로 리넨을 이용한 콘돔을 만든 것으로 알려져 있는데, 이 콘돔은 리본으로 매듭을 지어 음경에 고정하는 형태였다. 이 시기에는 양이나 염소 같은 동물의 창자나 방광을 사용해 콘돔을 만들기도 했다. 고고학자들은 영국 중서부의 더들리 성에서 1640년경 동물의 창자로 만든 것으로 추정되는 콘돔들을 발견한 바 있다.

심각한 매독 유행이 유럽을 강타하면서 콘돔 사용은 점점 증가했다. 바람둥이 카사노바가 1753년에 쓴 일기에는 콘돔 몇 다스씩 샀다는 내용이 있다. 구멍이 뚫린 곳은 없는지 품질 점검을 위해 사용 전에 콘돔을 불어보기도 했다고 한다. 영국 작가 제임스 보즈웰(James Boswell)과 프랑스의 사드(Sade) 후작도 콘돔을 언급했다. 당대의 여러 그림에는 재사용을 위해 걸린 채 건조되고 있는 콘돔이 보이기도 한다.

양의 창자로 콘돔을 만드는 장인들은 양의 내장을 뒤집기 전에 물에 몇 시간 동안 푹 담갔다. 그리고는 약한 알칼리성 용액에 넣어 두어 부드럽게 만들었다. 창자가 적당히 부드러워지면 장인들은 점막을 긁어내고 복막과 근육 껍데기는 남겨두었다. 그런 뒤 이 껍데기에 불타는 유황 증기를 쐬어 처리했다. 그런 다음 창자의 막을 씻고, 바람을 넣어 부풀리고 건조한 뒤, 하나당 17~20cm 크기의 조각으로 잘랐다. 마지막으로 이 조각의 끝에는 리본을 달았다. 음경에 콘돔을 매달기 위해서였다. 일반적으로 사용자들은 콘돔을 더 부드럽게 만들기 위해 쓰기 전에 물에 담가 두었다.

✻ 돼지의 창자로 만들어진 초기의 콘돔.

18세기 후반에 이르면 런던 사람들이 선택할 수 있는 콘돔 가게는 아주 다양했다. 당시는 점잖은 빅토리아 시대를 앞둔 시끌벅적한 시기였던지라, 이런 가게들은 대놓고 상품을 선전하기까지 했다. 미스 제니의 경쟁자는 좀 더 상류층을 상대하는 '미시즈 필립스'의 가게였다. 이 가게는 종합적인 성인용품 상점으로 오늘날의 코벤트 가든에 자리하고 있었는데, 섹스 서적, 채찍 기계, '과부 달래기(widow's comforter)' 같은 성인용품을 팔았다. 미시즈 필립스의 광고전단은 소위 '안전 도구'의 제작과 판매 분야에서 축적한 35년 경험을 자랑하고 있었는데, 여기서 '안전 도구'가 의미하는 콘돔에는 다양한 색깔의 리본이 달리기도 했다. 그녀의 전단지에는 이런 짧은 노랫말도 적혀 있었다.

> 치욕과 두려움으로부터 보호받으려면
> 빨리 오시오, 비너스의 숭배자여.
> 우리네 물건에는 하나도 잘못이 없소.
> 자기 보호는 자연의 법칙이니까.

† 'UBI'가 뭐지?

처방전이나 병원 차트에 도대체 뭐가 적혀 있는지, 궁금하기 짝이 없었던 적은 누구나 있었을 것이다. 의사들은 교육받은 사람들이고 기술도 대단한데 왜 똑바로 글을 못 쓰는 걸까? 글쎄, 아마도 한가지 이유는 의사들이 우리가 그들의 글을 이해하지 못하길 원하기 때문이다. 하긴, 때로는 우리가 그들 농담의 대상이니 말이다.

예를 하나 들어보자. 혹시 자신의 진료기록에서 'UBI'라는 글자를 본 적이 있는가? 이런 경우엔 알아두시라, 의사는 당신이 '맥주로 인한 원인 불명의 부상(Unexplained Beer Injury)'을 당했다고 생각하는 것이다. 의사와 간호사들은 흔히 환자들이 주장하는 병에 대해 이런 식으로 솔직한 의견을 표현하기 위해, 다양하고 재미있는 줄임말이나 속어를 얼마나 많이 쓰는지 모른다. 다만 요즘에는 환자의 의료 기록에 대한 접근이 좀 더 개방돼 있어서, 이런 용어들은 정식 차트 보다는 대화나 사적인 기록에서 쓰이는 경우가 많다. 이런 예들을 좀 더 살펴보자.

Plumbum Oscillans — '납덩어리를 흔들다'라는 뜻의 라틴어로, 환자가 병가 사유서를 얻어내기 위해 애쓰고 있다는 뜻.

DBI — 불량배 지수(Dirtbag Index)를 가리키는데, 환자의 문신 수 에다 빠진 치아 수를 곱하면 나온다.

CTD — 파국으로 치달음(Circling The Drain).

GPO — 부분적으로만 괜찮음(Good for Parts Only).

Departure Lounge — 출국장 라운지로 들리지만, 노인 병동이란 뜻.

LOBNH — 불은 켜져 있는데 아무도 없다(Lights On But Nobody Home), 즉 아둔하다는 얘기.

GOK — 하느님만 아신다(God Only Knows).

BTSOOM — 아주 혼났네(Beats The Shit Out Of Me).

PAFO — 오줌싸고 쓰러짐(Pissed And Fell Over).

HTK — 연보다 더 높이(Higher Than a Kite).

TTFO — 날 보고 꺼지라네(Told To Fuck Off).

FOS — 완전 허튼소리(Full Of Shit). 전혀 솔직하지 않은 환자를 일컬음.

FLK — 우습게 생긴 꼬마(Funny Looking Kid).

AGMI — 안 될 것 같아(Ain't Gonna Make It).

Code Yellow — 방광 조절 응급사태.

Code Brown — 꼭 설명해줘야 할까?

DFKDFC ─ 젠장 모르겠고, 젠장 관심도 없어(Don't Fucking Know, Don't Fucking Care).

✝ '철학의 열매'가 뭐였지?

큼직한 스캔들을 일으켰던 책 제목이다. 말하자면《채털리 부인의 사랑》의 그 시대 버전이랄까. 이 책을 쓴 찰스 놀튼(Charles Kowlton)은 미국 매사추세츠 애쉬필드에 사는 그저 고만고만한 의사였다. 다만 문학적 야심이 만만했던 점이 달랐다. 그는 1832년《철학의 열매: 결혼한 젊은 부부의 은밀한 동반자(Fruits of Philosophy)》라는 소책자를 하나 써서 일부 환자들에게 보여주었다.《채털리 부인의 사랑》과는 달리, 이 책은 소설이 아니고 임신에 대한 넌픽션 안내서였는데, 불임이나 발기부전에 관한 도움말도 실려 있었다. 그런데, 거기 섹스 후에 질을 씻는 방법을 위시하여 피임을 위한 팁까지 담겨 있었던 게 화근이었다.

지금도 간혹 그렇지만, 당시에도 피임을 죄악시하는 사람들이 있었다. 당시 메이슨 그로스버너라는 마을의 목회자가 이 책의 반대 캠페인을 펼쳤고, 그 결과 놀튼은 기소되어 벌금형을 받았다. 하지만《철학의 열매》가 보스턴에서 재인쇄에 들어가는 바람에, 놀튼은 또다시 벌을 받게 되는데, 이번에는 3개월의 투옥과 중노동 형이었다. 출소 후 그는 계속 의사로 일했을 뿐 아니라 신뢰받는 양심적인 의사로서 뛰어난 명성을 쌓아갔다. 그 후 1850년에 그는 심장마비로 사망했다.

그런데 놀튼이 사망한 지 27년 뒤에 《철학의 열매》는 런던 사회에 또다시 신선한 센세이션을 일으켰다. 찰스 브래들로와 애니 베선트라는 도발적인 자유주의자들이 이 책을 재출간했는데, 이후 둘은 1857년의 음란 서적 출판법에 따라 기소당했다. 당시의 법무차관은 이 책에 대해 이렇게 분노를 터뜨렸다.

"이 책은 더럽고 음란한 책입니다. 어떤 이도 이 책을 탁자 위에 두도록 허락해서는 안 되오. 교육받은 영국의 남자라면 아내가 이 책을 보는 것도 금지해야 할 거요. 이 책의 목적은 사람들이 섹스를 하게 만드는 것일 뿐, 신의 섭리로 자연스럽게 따라오는 섹스의 결과는 거부하는 겁니다."

결국 브래들로와 베선트는 징역 6개월과 200파운드의 벌금형을 선고받았으나, 그 후 항소심에서 세부조항 때문에 처벌은 취소되었다. 그런데 이 재판 덕분에 《철학의 열매》는 하룻밤 사이 베스트셀러에 등극해, 무려 15만 부가 팔려나갔다. 그로 인한 책의 명성은 유럽과 미국에서 피임을 긍정적으로 보는 시선에 절대적인 영향을 미쳤다. 영국의 인구 폭발도 이로 인해 조절된 면이 있다고 인정하는 이들이 있을 정도다.

✝ '프랑스 천연두'란 무엇일까?

그것은 매독이다. 혹은 적어도 영국인들 사이에서는 매독을 의미했다. 1495년 이후 매독이 유럽 전역에 퍼져나가게 되자, 이 병은 유럽대륙 곳곳에서 다양한 이름으로 알려졌다. 그런데 이런 병명들의 기원은 하나의 명확한 패턴을 따르고 있었다. 나라마다 매독을 적대국 탓으로 돌린 것이다. 가령 프랑스에서는 매독이 '나폴리 병'이었으며, 이탈리아에서는 '스페인 병'이었다. 일본은 매독을 '중국병'이라 불렀다. 또 중국은 대체로 매독을 현재의 광저우 지역 사람들인 광둥인들 탓이라 여겼다.

사실상 매독을 가리키는 이름은 좀 더 폭넓은 언어 추세의 한 가지 예에 불과하다. 영국인들은 프랑스인들이 거칠고 성적으로 문란하다고 여겼다. 그래서 콘돔을 '프랑스 편지'라 부르는가 하면, 생식기 포진(疱疹)을 '프랑스 병'이라 칭했다. 또 입을 벌리고 하는 입맞춤은 '프렌치 키스'였다. 프랑스가 이렇게 짓궂은 명성을 얻었기 때문에 음란물은 '프랑스 엽서'나 '프랑스 소설'로 불렸고, 욕설을 지껄이면서 '이건 불어니까 양해하세요'라고 해도 용서를 받았다.

프랑스라고 달랐겠는가. 방향만 정반대였을 뿐, 같은 현상이 벌어졌다. 영국해협 건너 프랑스에서는 허락받지 않은 휴가나 인사도 없이 떠난 휴가를 'filer á l'anglaise', 그러니까 '영국식 휴가'라 불렀다. 재미있게도 영국에서는 바로 그런 휴가를 '프랑스식 휴가'라고 부른다. 또 영국에서 '프랑스 편지'로 통하는 콘돔이 프랑스에서는 거꾸로 '영국식 망토'로 불리고, '프렌치 키스'가 프랑스에서는 '영국식 입맞춤'으로 둔갑한다. 많이 변하면 변할수록 여전히 같은 것이 된다고 했던가…!

✝ 엑스레이가 발명되면서, 대중의 가장 큰 두려움은?

엑스레이는 1895년에 우연히 발견되었다. 독일의 물리학 교수 빌헬름 뢴트겐(Wilhelm Röntgen)은 당시 진공 튜브 안의 전자를 대상으로 실험을 하고 있었다. 그런데 종이를 덮은 진공 튜브와 옆에 세워둔 스크린 사이에서 손을 흔들던 빌헬름은 깜짝 놀랐다. 자기 손의 뼈 모양이 스크린에 고스란히 비치는 게 아닌가! 이에 빌헬름은 아내의 손도 엑스레이 사진으로 찍어 보았다. 그리고 이때 찍은 사진은 그야말로 전 세계적인 센세이션을 불러일으켰다.

엑스레이는 밀도가 서로 다른 인체 부위들을 여러 가지 방식으로 통과하는 방사선의 한 형태이다. 이 때문에 엑스레이는 신체 내부 구조의 이미지를 만들어내 고스란히 사진 건판(乾板)에 옮겨 담을 수 있었다. 이는 의사들이 최초로 인체를 자르지 않고도 그 내부를 들여다볼 수 있다는 뜻이었으므로, 엑스레이의 발견은 엄청난 돌파구였다. 뢴트겐이 엑스레이를 발명하고 몇 주 지나지 않아, 의사들은 골절, 담석, 병변 등을 엑스레이로 찍어대기 시작했다. 심지어 체내에 들어간 총알이나 바늘 같은 물건들도 사진으로 찍을 수 있게 됐다.

물론 오늘날 우리는 엑스레이가 매우 유용하지만 발암의 위험도 있어서 되도록 사용을 자제해야 한다는 것을 안다. 하지만 1895년에는 아무도 이 사실을 몰랐다. 그 대신 사람들이 가장 두려워한 것은 엑스레이로 옷을 관통해 벌거벗은 몸에 추파를 던지면 어떡하지, 하는 것이었다. 심지어 런던의 한 회사는 '엑스레이에도 끄떡없는 속옷'을 홍보하기도 했는데, 이걸로 제법 짭짤한 수익을 봤다는 후문이다. 한편 미국의 뉴저지 주의회는 미풍양속을 지킨다는 명목 아래 오페라 안경에 엑스레이를 사용하지 못하게 하는 법안까지 마련했다.

지금 우리의 눈에는 이런 우려가 상당히 특이하고 어리석게 보일지 모르지만, 오늘날에도 비슷한 이슈와 맞닥뜨리고 있으니, 참 흥미롭지 않은가? 여행객들의 나체 이미지에다 성기까지 훤히 보이

This sketch is a reproduction of the original picture of two ladies shadowgraphed by the aid of Professor Roentgen's X Rays. One of these ladies wore a dress lined with TEXTILE-BUCKSKIN, which is impervious to the cathode rays.

☀ 엑스레이로부터 안전하다는 속옷의 과대광고 — "이 스케치는 뢴트겐 박사의 엑스레이를 찍은 두 여성의 원본사진을 재현한 것임. 한 여성은 '텍스타일—벅스킨 속옷'으로 안을 덧댄 드레스를 입었으며, 이 속옷은 음극선이 통과하지 못함"

는 말썽 많은 신종 스캐너가 여러 공항에 설치된 것이 그런 경우다. 벌써 이 스캐너를 오용하다 적발된 공항직원도 있다. 영국 히스로공항의 이 남성 직원은 여성 동료 사진을 몰래 찍었다가 곧 성추행으로 신고당했다. 맨체스터공항에서는 두 여성이 스캐너 통과를 거부했다가 비행 탑승을 거절당한 일도 있었다. 한편, 미국의 마이애미공항에서는 한 남성 직원이 스캐너에 찍힌 페니스가 작다고 조롱당하면서 한바탕 싸움이 벌어지기도 했다. 물론 먼 미래에는 이런 스캐너가 과거의 엑스레이처럼 해로울 것도 없고 사소한 것으로 치부될지도 모른다. 하지만 아무리 봐도 지금은 아닌 듯하다.

† '0번 환자'는 누구였을까?

랜디 쉴츠(Randy Shilts)는 동성애자 탐사 보도 저널리스트였는데, 에이즈 유행의 초기 국면을 다룬 《밴드는 연주를 멈추지 않았네》라는 책을 1987년에 펴냈다. 이 책은 특히 한 가지 충격적인 주장 때문에 굉장한 논란을 일으키면서 베스트셀러가 되었다. 성적으로 극히 문란한 한 남성이 에이즈를 아프리카에서 미국으로 옮기는 데 핵심적인 역할을 했으며, 그 후 미국의 도시마다 에이즈가 확산했다는 요지의 주장이었다. 이 책은 최초 감염자를 뜻하는 이 '0번 환자'가 바로 캐나다 출신 승무원 가에탕 뒤가라고 적시했으며, 뒤가는 에이즈 합병증으로 1984년에 사망했다.

이 책의 마케팅과 언론의 관련 보도는 모두 이 '0번 환자'에 초점을 맞추고 있었다. 주간 〈타임스〉에 실린 서평에는 '0번 환자의 끔찍한 여정'이라는 제목이 달렸다. 또 〈내셔널 리뷰〉는 뒤가를 '에이즈의 콜럼버스'라고 칭하는가 하면, 잡지 〈캘리포니아〉는 이 책의 연재 기사를 홍보하면서 뒤가의 사진을 내걸고, 그 아래 이런 문구를 실었다. "미국의 에이즈는 바이러스가 퍼뜨린 게 아니었다…. 그건 한 남자가 퍼뜨렸다…. 캐나다 승무원인 그의 이름은 가에탕 뒤가였으니…."

이 책에 의하면 뒤가는 금발의 미남인 데다 매력 만점이고 대단히 문란했다. 그는 전 세계를 다니며 가는 곳마다 남자를 골랐다고 한다. 게이바에 들어가기라도 하면 주변을 둘러보고는 흡족한 표정으로 이렇게 말하곤 했단다. "흠, 여기서 내가 제일 예쁘군." 그 후 그는 '카포시 육종(肉腫)'이란 이름의 에이즈 관련 피부암에 걸렸다. 다른 사람들에게 전염될 수 있다고 의사가 경고했지만, 뒤가는 아랑곳하지 않고 평소대로 행동했고 섹스할 때 콘돔을 쓰지도 않았다. 한 번은 그가 누군가와 관계한 후 자기 가슴의 보라색 병변을 가리키면서 이미 액운을 만났을지도 모를 그 파트너에게 이렇게 말했다. "게이 암이래. 나 그 병에 걸렸어. 너도 걸릴지 모르고."

1987년에 에이즈란 끔찍하고도 감정적인 주제였는데, 때마침 나온 쉴츠의 책은 에이즈를 직접 겪어보는 듯한 효과를 주었고, 비난의 화살을 한 개인에 (혹은 암묵적으로 하나의 커뮤니티에) 돌렸다. 뒤가에 관한 이야기들은 동성애자들이 성적으로 문란하고 무책임하다는 기존의 편견을 더욱 악화시켰다. 이제 에이즈는 '얼굴 있는' 병이 돼버렸다. 1980년대의 '장티푸스 메리'라고나 할까. 이로써 에이즈는 동성애자 공동체가 만들고 퍼뜨린 병이라는 관점이 확인된 것이다.

하지만 뒤가에 대한 이런 설명에는 비합리적인 면이 있다. 한 개인에게 모든 비난을 쏟아붓는다는 점에서도 비합리적일 뿐만 아니라, 사실이란 측면에서 정확하지 않다는 점에서도 비합리적이었다. 사실 뒤가에 대한 회고는 예전의 어떤 연구를 바탕으로 한 것이었다. 초기 에이즈 환자들 간의 연결고리를 찾으려 했던 이 연구는 그중 마흔 명이 직간접적으로 뒤가와 얽혀 있음을 밝혀냈다. 하지만 연구에서는 어느 환자도 이름을 밝히지 않았다. 그리고 뒤가는 숫자 0이 아닌 알파벳 O를 써서 'O의 환자'로 불렸는데, 여기서 O는 'Out of California'를 의미하는 것이었다. '캘리포니아 밖의 환자'가 '최초의 환자'로 둔갑해버린 배경이다. 이런 오해로 인해 뒤가는 최초로 미국에 에이즈를 옮겨온 환자가 돼버렸다. 또 뒤가가 그 남자들을 모두 HIV에 감염시켰다는 것도 사실이 아닐 확률이 높다. 왜냐면 에이즈는 증상이 나타나기까지 몇 년이 걸리는 병인데, 이 연구에 등장한 환자 대부분은 서로 간의 만남 후 몇 개월 만에 에이즈 진단을 받았기 때문이다.

한편, 좀 더 최근인 2007년의 연구에서는 초기 에이즈 환자들의 혈액 표본으로 HIV 유전자 서열을 분석했다. 이 연구로 뒤가는 처음으로 에이즈를 미국에 들여온 사람일 수 없다는 게 밝혀졌다. 에이즈는 일찌감치 (어쩌면 1969년부터) 아이티에서 미국으로 유입됐기 때문이다. 그러니까 1981년 에이즈가 최초로 진단되기 전에도 미국에는 이미 12년간이나 에이즈가 퍼지고 있었다는 얘기다.

† 레벤후크가 최초로 목격한 것은?

앞서 소개한 바 있는 안토니 판 레벤후크는 1632년 네덜란드에서 태어난 무역상이자 과학자로, 그는 오늘날 '미생물학의 아버지'로 인정받고 있다. 전문 과학자라고 해도 그런 업적은 매우 훌륭할 터인데, 레벤후크가 그저 열정적인 아마추어였다니 더욱더 놀라울 수밖에 없다. 그는 대학 교육이나 과학적 훈련을 받은 바가 전혀 없었다. 가족도 부유하지 않아서 레벤후크는 평범한 여러 직업을 전전했다. 하지만 뛰어난 기술과 지적 호기심으로 그는 과학사에서 가장 놀라운 몇 가지 발견을 이뤄냈다.

레벤후크는 1668년 이전 즈음에 자신만의 간단한 현미경을 제작하게 되는데, 아마도 박학다식한 영국의 과학자 로버트 훅(Robert Hooke)에게 영감을 받았을지 모른다. 그는 이 현미경으로 자신을 사로잡는 것이면 무엇이든 다 관찰하기 시작했다. 그는 평생 500개가 넘는 다양한 현미경을 만들었다. 물론 그중 현존하는 것은 10개도 채 안 된다. 여하튼 레벤후크의 현미경은 오늘날 사용하는 복합현미경은 아니었다. 대신에 매우 고성능의 돋보기와 비슷했다. 하지만 그는 유리 가공, 렌즈 연마, 또 광량(光量) 조절 등의 기술을 지니고 있었다. 이런 기술 덕분에 그의 현미경은 확대 비율이 무려 275배에 달해, 그는 당대의 누구보다 더 밝고 선명한 이미지를 얻게 됐다.

레벤후크는 이처럼 기술 면에서 현미경의 선구자였다. 그뿐만 아니라 그는 이 현미경으로 새로운 세계를 탐험하겠다는 의욕도 대단했다. 그는 현미경으로 매우 많은 관찰을 했으며 사상 최초로 박테리아, 원생(原生)생물, 선충(線蟲) 등을 포함한 미생물의 형태를 관찰한 사람이 됐다. 게다가 레벤후크는 혈액세포와 근육 섬유의 띠 모양 구조도 처음 발견했다. 심지어 자신의 정자가 헤엄치는 모습을 최초로 목격한 사람이기도 하다. 그는 영국의 왕립협회에 수많은 편지를 보내서, 자신의 기술과 이론과 발견에 관한 내용을 자세히 기술했다. 이 미생물의 세계란 이전까지 듣도 보도 못한 것이어서, 처음에는 약간의 회의론과 맞서야 했다. 하지만 그의 발견은 점차 협회의 회원들 사이에서 증명되기 시작했고, 그중에는 자신의 영웅인 로버트 훅도 있었다. 마침내 레벤후크는 1680년에 왕립협회의 정식 회원으로 선출되었다.

레벤후크의 엄청난 발견에도 불구하고 그의 사후에 미생물학은 대체로 홀대를 받는다. 당시에는 이 미생물들을 질병과 연관시키는 이론이 없었고, 독기에 의해 질병이 발생한다는 오랜 믿음이 여전히 압도하고 있었기 때문이었다. 결과적으로 레벤후크가 건넨 지휘봉은 그의 사후 100년이 넘도록 아무도 받아주지 않았다. 루이 파스퇴르와 세균이론이 등장하기까지 말이다.

9

공중 보건

의학으로 생명이 연장될 수도 있겠지,

하지만 죽음은 의사도 덮치게 될걸.

— 윌리엄 셰익스피어(William Shakespeare)

✝ 파나마 운하 건설은 왜 30년이나 걸렸을까?

파나마 운하의 건설은 인류 역사상 가장 거대하고 어려운 엔지니어링 프로젝트였다. 대서양과 태평양을 연결하는 이 운하는 세계에서 가장 북적이는 항로 중 하나다. 원래 파나마 운하의 건설 계획은 1880년 프랑스에서 제일 먼저 시작됐다. 하지만 황열병과 말라리아 때문에 인부들이 대거 사망하며 인력이 초토화되었다. 파나마 지역은 습한 아열대 기후다. 따라서 모기들이 번식하기에 이상적인 환경이었고, 이 모기들이 황열병과 말라리아를 전파한 것이다.

이런 질병들의 위협에 맞서서 프랑스에서는 현대적 병원시설에 대대적인 투자를 했지만, 정작 모기떼에 관해서는 아무런 조치도 하지 않았다. 당시에는 사람들이 모기가 질병을 전파하는 매개체인 것을 까맣게 몰랐기 때문이다. 따라서 공사 중인 건축물의 대부분은 방충망이 없었고, 병원 침대의 다리 부분에는 물을 담은 냄비를 걸어놓아 모기 유충이 자랄 수 있는 안성맞춤 환경을 만들기도 했다. 결국, 인부 5만 2천 명이 병에 걸리고 거의 2만 명이 목숨을 잃자, 1893년에 파나마 운하 프로젝트는 중단되었다.

그러던 1903년에 미국이 프랑스로부터 건축 장비와 이권을 사들이며 프로젝트가 재개되었다. 건축가 존 프랭크 스티븐스(John Frank Stevens)를 필두로 한 미국의 접근은 훨씬 더 체계적이었다. 우선 공사에 물자를 조달할 파나마 철도가 재건되었고, 인부들을 위한 적절한 시설들도 지어졌다.

하지만 가장 중요한 변화는 질병에 대한 새로운 접근법이었다. 그동안 인도에 주둔했던 영국 군의관 로널드 로스 경이 말라리아가 모기에 의해서 전염된다는 것을 이미 증명해놓은 터였다. 이제 미국 군의관 리드 소령과 매력적인 이름의 고거스 대령의 지휘로 모기와의 한판 대결이 벌어지게 되었다. 둘은 매우 야심 차고 막대한 비용이 드는 모기 박멸 작전에 착수했다. 모기는 고여있는 물의 표면에

알을 낳는 법이니, 물웅덩이란 웅덩이는 발견되는 족족 물을 빼내든 지 기름이나 살충제를 뿌렸다. 작은 냇가들 위에는 아예 기름이 뚝 뚝 떨어지는 양동이를 달아놓아, 고인 물마다 기름 막이 형성되었고 이게 모기 유충들을 궤멸시켰다.

한편, 공사에 참여하는 인부 모두에게 말라리아 치료제인 키니 네를 무료로 지급했다. 또 집집마다 훈증 소독을 실시하느라, 미국 내 유황과 제충국(除蟲菊) 재고를 전부 소진해버렸다고 한다. 행여 감 염된 사람은 즉시 새장 같은 모기장 안에 격리되었다. 주위에 모기 가 한 마리도 없게 해서 재감염을 막기 위함이었다. 이 모든 모기와 의 전쟁에는 엄청난 비용이 들었다. 모기 한 마리를 죽이는 데 많게 는 10달러가 들어갔다는 추정도 있다.

하지만 전쟁의 효과가 나타났다. 파나마 운하는 예정보다 2년이 나 빨리 1914년에 완공됐다. 1906년 황열병 발생은 단 한 건이었고, 1907~1914년에는 한 건도 발생하지 않았다. 말라리아는 조금 더 끈 질겼다. 하지만 과거 1,000명당 11.59명이었던 말라리아 사망률은 1906~1909년 사이에 1,000명당 1.23명 정도로 극적인 감소를 이뤄 냈다. 미국이 파나마 운하 공사를 통제하는 1904~1914년 사이 사망 은 겨우 5,609건뿐이었으니, 참으로 엄청난 발전이었다. 물론 오늘날 의 파나마 운하 일대는 황열병과 말라리아로부터 안전하다.

† '장티푸스 메리'란 누구였을까?

메리 맬런(Mary Mallon)은 미국 최초로 '건강한 장티푸스 보균자'
라는 진단을 받은 인물이다. 그녀는 1869년 타이런 카운티에서 태어
났다. 이후 열 살이 넘어 뉴욕으로 이주했고 요리사가 되어 여러 부
유한 가정에서 일했다. 그런데 이상한 일이 일어나기 시작했다. 마리
가 일하는 곳마다 사람들이 장티푸스에 걸려 넘어진 것이다. 하지만
막상 메리는 장티푸스에 걸린 적이 없었다. 따라서 그녀가 원인을 제
공했다고 의심할 이유가 없어 보였다.

1906년 메리는 은행 임원인 조지 워런의 가족과 함께 뉴욕의 롱
아일랜드로 여행을 가, 그곳에서 여름 내내 요리를 해주었다. 그런데
메리가 만든 음식을 먹고 며칠이 지나자 가족들이 앓기 시작했다.
조지 소퍼(Gorge Soper)라는 조사관이 불려왔고, 그는 메리가 원인일
거라는 결론을 내렸다. 소퍼는 보균자이면서도 건강할 수 있다는 사
실을 안 것이다. '건강한 보균자'는 병을 지니고 있으면서도 정작 자
신은 병으로 고통받은 적이 없는 이를 뜻한다. 하지만 이런 보균자는
주변에 병을 옮기기 때문에 주변인들은 제대로 병을 앓게 된다. 장
티푸스의 경우, 건강한 보균자는 처음 감염되었을 때 감기 같은 약
한 증상만을 앓고 회복한 뒤 치명적인 병균을 타인에게 전파하는 식
이다.

장티푸스(typhoid fever)는 수 세기 동안 엄청난 희생자를 낸 질병이다. 오늘날에도 장티푸스는 세계 곳곳에서 유행병으로 나타난다. 장티푸스균이 원인이며 인간의 배설물을 통해 전파된다. 증상은 갑작스럽고 지속적인 발열, 메스꺼움, 설사, 두통 등이다. 장티푸스는 주로 오염된 음식이나 물을 통해 옮는데, 특히 음식을 만드는 사람이 화장실을 다녀온 후 손을 잘 씻지 않으면 걸릴 위험이 커진다. 메리는 이 점을 추궁받자 별로 그럴 필요를 못 느껴서 손을 거의 씻지 않는다고 인정했다.

소퍼는 마리에게 배설물 표본을 요청했다. 하지만 메리는 이 요청에 크게 화를 내며 음식 서빙용 포크로 소퍼를 위협하기까지 했다. 몇 번의 접근 시도가 그녀의 위협으로 무산되자, 결국 당국이 강제로 개입하기에 이르렀다. 메리는 뉴욕 이스트 리버 지역 브라더 아일런드의 자그마한 오두막집에 강제 격리당했다. 메리는 죄도 확정되지 않고, 재판도 없이, 본인의 의지에 반해 투옥된 죄수나 다름없었기 때문에, 이 조치는 법적-윤리적인 논란을 불러일으켰다. 건강한 보균자라는 개념은 비교적 최근의 발견이어서, 당시에는 이와 관련된 법조항도 없었다. '뉴욕 대헌장'을 보면 의도적으로 타인을 감염시키는 자를 막아야 한다는 조항이 있긴 했다. 특히 그 사람이 '감염성이나 전염성 질병 혹은 역병으로 아파서' 타인에 위협이 되면 말이다. 물론 마리의 경우는 위협이 되긴 했지만, 엄밀히 말해 아픈 사

람도 아니었잖은가

　대중의 관심이 점점 커지자 영어(囹圄)의 몸이 된 메리는 항의와 호소를 이어나갔으며, 끝내 풀려나게 됐다. 하지만 다시는 요리사로 일하지 않겠다는 진술서에 서명하라는 조건이 달려있었다. 메리는 이 조건을 받아들이고 자유의 몸이 되었지만, 곧장 약속을 내팽개쳐 버렸다. 그녀는 미혼에 아이가 없는 몸이었고, 그녀가 택할 수 있는 직업 중 요리사만큼 보수가 높은 건 없었던 것이다.

　1915년 뉴욕 맨해튼에 있는 슬론 산부인과 병원에서 장티푸스가 발생했다. 25명이 감염되었는데 그 원인을 찾아보니 미시즈 브라운이라는 요리사였다. 물론 이 브라운 부인은 가명으로 일하고 있던 메리였다. 미시즈 브라운의 실체가 드러나자 메리를 향했던 대중의 동정은 금세 싸늘하게 식고 말았다. 이쯤 되면 메리도 '건강한 보균자'의 개념을 이해할 만했건만, 그녀는 이를 믿지 않았다. 게다가 가명으로 일했다는 사실은 의도적으로 타인을 위험에 빠뜨린다는 인상을 주었다. 결국, 메리는 다시 격리되었고 감금된 채 여생을 보내다가 1938년에 폐렴으로 삶을 마감했다. 부검에 의하면 그녀는 죽는 날까지 장티푸스에 걸린 상태였다고 한다.

　요리사로 일하는 동안 장티푸스 메리는 적어도 53명을 감염시켰

✹ 악명 높았던 '장티푸스 마리'.

고 그중 세 명이 사망한 것으로 드러났다. 하지만 감염 피해자 수는 이보다 훨씬 많았을지 모른다. '장티푸스 메리'의 악명은 지금의 인터넷 시대에도 살아있다. 다만 현재 이 용어는 바이러스나 악성 프로그램 방지 프로그램 설치를 끈질기게 거부하는 사용자, 그래서 같은 네트워크 안의 다른 사용자까지 위험에 빠뜨리는 사용자를 일컫는 속어로 쓰인다.

✝ 비타민 E의 효능은 무엇일까?

이상하게도 비타민 E의 효능을 정확히 아는 사람은 없다. 어쩌면 아무 효능이 없을지 모른다. 혹은 적어도 쓸모있는 효능은 없는지도 모른다. 비타민 E는 땅콩, 씨앗, 밀, 달걀, 시금치, 아보카도, 아스파라거스 등의 다양한 식품에서 발견된다. 비타민 E는 한동안 활성 산소에 대항해 세포를 노화로부터 보호하는 효과적인 항산화제로 여겨졌다. 또 심장병, 암, 뇌졸중, 알츠하이머병을 예방할 거라는 희망도 있었다.

하지만 최근의 임상연구들을 보면 이런 효과에 대한 확실한 증거는 밝혀지지 않고 있다. 심지어 너무 많은 양의 비타민 E를 섭취하면 해롭다는 의견도 있었다. 2005년 흔히 HOPE(Heart Outcomes Prevention Evaluation)로 알려진 '심장 예후 예방 평가'는 55세 이상의 환자 1만 명 이상을 대상으로 연구를 했다. 그런데 많은 양의 비타민 E 를 섭취해도 심장 건강에 효과는 없으며 오히려 심장마비의 위험성 을 높인다는 결과가 나왔다. 그 외 다른 연구들도 비타민 E가 심장 병 예방 효과가 있다는 증거를 찾지 못했다.

HOPE에서는 비타민 E와 암의 상관관계도 관찰했다. 그런데 비 타민 E를 섭취하는 통제 집단과 섭취하지 않는 집단 간의 차이도 드 러나지 않았다. 또 최근의 다른 연구들에서는 여성의 암과 남성의 전립선암을 살펴보았는데 역시 비타민 E의 효능을 증명하는 데는 실패했다. 한편, 국립암협회의 폐암에 관한 연구결과를 빌자면, 오 히려 비타민 E를 섭취하는 이들이 폐암에 걸릴 확률이 약간 더 높았 다. 또 알츠하이머와 비타민 E 보충제의 상관관계를 찾는 다른 연구 에서도 비타민 E의 효능을 입증하지 못했다.

비타민 E의 과도한 섭취는 몸에 해로울 가능성이 있다. 2004년 에 존스 홉킨스 대학에서 실시한 메타 분석에 따르면, 하루에 비타 민 E를 400IU(International Unit) 이상 섭취하는 이들은 5년 안에 사망 할 확률이 약 5% 상승한다고 한다. 아마도 이는 비타민 E가 혈액 응 고를 예방하는 항(抗)응고제로 작용하기 때문이 아닐까.

† 낮은 지대의 마을은 왜 콜레라에 취약했을까?

앞에서 봤던 것처럼 존 스노우가 브로드 스트리트에 있던 오염된 급수 펌프 때문에 소호의 콜레라가 번졌다고 명확한 결론을 내린 다음, 사람들은 이렇게 생각했을지 모른다. "그래? 그렇다면 물로 전파되는 콜레라 발병은 해결이 됐겠군." 하지만 당시 스노우의 주장은 받아들여지지 않았다. '독기로 인한 전파' 이론을 믿고 있는 과학자들이 많았기에 콜레라도 예외가 아니었다. 이들은 스노우의 발병 지도가 도대체 뭘 증명했다는 건가, 하고 느꼈다. 오히려 콜레라의 발병이 급수 펌프 근처에 모여 있으니 펌프 밑의 땅, 혹은 그 주변이 독기의 근원지라 주장했다.

하지만 스노우는 이런 반대에 맞설 설득력 있는 논리를 이미 확보해두었다. 그의 연구에는 브로드 스트리트의 급수 펌프에서 물을 마시긴 했으나 그 근처에 살지 않는 환자들이 포함되어 있었다. 그러니까 이들은 그 동네의 독기에 영향을 받지 않아야 했다. 가장 확실한 사례는 콜레라가 전혀 발생하지 않은 햄스테드 마을에 사는 한 여성이었다. 게다가 이 여성은 브로드 스트리트 근처에는 가지도 않으면서, 다만 병에 담은 급수 펌프의 물만 꾸준히 공수해서 마셨다. 한때 브로드 스트리트에 산 적이 있는데 물맛이 좋았기 때문이라면서. 하지만 그녀는 콜레라에 걸렸고 같은 물을 마신 그녀의 조카도 마찬가지였다.

스노우의 최대의 적은 바로 중앙등기소의 통계부 부장 윌리엄 파(William Farr)였다. 파는 질병 통계 분야의 권위자로 널리 인정을 받고 있었다. 그는 기존에 콜레라 발병률과 해수면으로부터의 고도의 상관관계에 대한 설득력 있는 연구를 시도한 적이 있었다. 놀랍게도 파의 연구에 따르면 해수면에 가깝게 사는 사람일수록 콜레라에 걸릴 확률이 높았다. 파는 이것이 감염의 근원이 땅속의 무언가라는 강력한 증거라고 주장했다.

하지만 스노우는 이 주장을 반박했다. 그는 울버햄턴, 둘레이스, 머써 티드필, 뉴캐슬어폰타인 등, 영국에서 가장 고도가 높은 마을을 예로 들었다. 이 지역들은 모두 엄청난 콜레라 피해가 발생한 곳이었다. 반대로 여왕의 감옥, 베들레헴 병원, 레인 형무소 등 고도가 낮은 장소들이 되레 거의 콜레라의 영향을 받지 않았다. 이 장소들은 피해가 심한 지역들과 가까운 지역이었지만 따로 우물의 물을 공급받던 곳이었다.

이에 스노우는 주장했다. 문제는 해수면으로부터의 고도가 아니라, 오히려 이 마을들이 어디서 물을 공급받느냐의 이슈라고. 고도와 콜레라 사이에 관계가 있어 보이는 이유는 고도가 낮은 마을

들은 밀물 때 바닷물이 강으로 들어오는 하천으로부터 물을 공급받는 경향이 있었기 때문이다. 이런 하천의 윗부분은 떠다니는 하수로 인해 감염될 확률이 높았던 것이다.

결국, 1866년경 파는 세균이론의 신봉자로 전향하게 된다. 심지어 그는 런던 동부의 올드 포드 저수지에서 물을 가져다 먹는 이들의 사망률이 높음을 증명하는 논문까지 썼다. 에드워드 제너와 루이 파스퇴르의 연구로 세균이론이 널리 받아들여진 덕분이었다. 이후 하수를 수거하고 처리하는 새로운 시설물들이 지어졌고 마침내 서구의 주요 도시들에서는 콜레라가 박멸되었다.

† '조깅의 아버지', 조깅하다가 사망?

짐 픽스(Jim Fixx)는 1970년대 말 미국에 불어닥쳤고 지금도 여전한 조깅 붐에서 핵심적인 역할을 한 인물이다. 픽스는 여러 권의 베스트셀러를 썼는데, 그중《달리기 완벽 가이드(The Complete Book of Running)》는 1977년 출간과 동시에 엄청난 영향력을 행사하며 100만 부가 넘게 팔렸다. '조깅의 창시자'로 불리는 픽스는 1967년에 처음 조깅을 시작했는데, 그때만 해도 100kg이 넘는 몸무게에 줄담배를 피우는 사내였다고 한다. 그는 조깅이 자신의 건강을 바꿨으며, 덕분에 자신은 몸무게를 27kg이나 줄이고 금연을 시작해 연장된 삶을 누리고 있다고 말했다.

　그랬던 픽스는 1984년 7월 20일 고작 52세의 나이에 심장마비로
사망하고 말았다. 사망 당시 그는 조깅 중이었기 때문에, 사람들은
그의 사망원인이 조깅이라고 믿었으며, 따라서 조깅이 건강에 이롭
다는 주장도 착각에 불과하다는 인식이 널리 퍼졌다. 잘 알려진 것처
럼, 빌 힉스라는 입이 거친 코미디언은 '건강 광신도'에 할애할 시간
은 없으면서도 픽스를 조롱하는 루틴을 만들어내, 그의 죽음에 담긴
아이러니를 맘껏 즐겼다.

　하지만 픽스의 죽음이 조깅 때문은 아니었다는 증거가 있다. 심
장 질환의 가족력이 있었던 것이다. 픽스의 아버지는 35세에 처음 심
장마비를 겪었으며 겨우 43세의 이른 나이에 두 번째 심장마비가 와
서 사망했다. 짐 픽스의 부검 결과 사망원인은 동맥 경색이었음이
드러났다. 그의 심장 동맥 중 3개가 콜레스테롤로 막혀 있었으니, 위
험요소는 조깅이 아니라 그의 식습관이었으리라고 추측할 수 있는
대목이었다. 아마도 그가 조깅을 시작하기 전 건강하지 못했던 시절
과 연관이 있으리라.

　물론 운동할 때 심장마비의 위험이 살짝 커지는 건 사실이지만,
꾸준히 운동하는 이들에게는 그 위험이 훨씬 낮다. 게다가 운동이

가져오는 어마어마한 이점에 비하면 아무것도 아니다. 한 예를 들어 보자. 꾸준한 운동이 심장마비의 위험성을 50~80% 낮추는 효과가 있음을 보여준 연구는 아주 많다. 그러므로 픽스가 비교적 젊은 나이에 사망하긴 했지만, 사실은 조깅에 의해 그나마 생명이 연장되었는지도 모르는 일이다.

† 왜 돼지 농장 일꾼들은 맹장 수술을 많이 받을까?

1991년 마르쿠 세이루(Marrku Seiru)라는 핀란드의 과학자가 돼지 농장의 주인과 일꾼들에 관한 흥미로운 연구를 시도했다. 그는 이들 중 맹장 수술을 받은 사람의 비율을 일반 대중의 비율과 비교했다. 그 결과, 농장 주인들이 맹장 수술을 받는 확률이 일반인들보다 약 2.5배나 높고, 일꾼들의 경우는 무려 4배나 높다는 사실이 밝혀졌다. 왜 돼지와 관련된 일을 하는 사람들이 이렇게 유별난 위험성을 안고 있는 걸까?

예르시니아 엔테로콜리티카(Yersinia enterocolitica)라는 박테리아를 가지고 있는 돼지가 많기 때문이다. 그렇다, 그게 답이다. 이 박테리아는 음식을 오염시키고 예르시니아 감염증이라는 질환을 일으킨다. 이 감염증은 주로 덜 익은 고기나 저온 살균하지 않은 우유, 오염된 물 등을 섭취할 때 걸리기 쉬우며, 설사, 발열, 복부 통증 같은 증상이 나타나 맹장염과 혼동되기 십상이다. 만약 이 질환을 제대로 진단했다면, 의사는 병이 끝날 때까지 그저 내버려둘 것이고, 증상이 아주 심해도 항생제 이상의 강력한 처방은 하지 않을 터이다.

하지만 예르시니아 감염증의 증상이 맹장염과 비슷해서 자주 오진이 나왔고, 그래서 환자들은 불필요한 맹장 수술을 받았다. 세이루가 연구를 진행하던 시점에 핀란드의 돼지 중 대략 35%는 예르시니아 박테리아를 가지고 있었다. 돼지 농장의 사람들이 맹장 수술을 받는 비율이 왜 그렇게 높은지, 설명되지 않겠는가. 이 사람들은 일반인들보다 예르시니아 박테리아에 감염될 가능성이 훨씬 컸고, 그 증상을 맹장염으로 착각하기 쉬워서 불필요한 맹장 수술을 많이 받은 것이다.

† 왜 1978년에 장기기증자 수가 급락했을까?

장기기증을 하겠다고 나서는 이의 숫자가 1978년에 갑자기 눈에 띄게 감소했다. 감소율이 무려 60%나 된다는 보고가 나왔다. 관계자들은 처음엔 당혹스러워했다. 갑자기 장기기증 희망자가 줄어들 아무런 이유가 없었으니까. 그러던 중 아주 그럴싸한 이론이 등장했는데, 기증자 감소의 원인이 1978년에 영화화된 로빈 쿡의 베스트셀러 소설《코마(Coma)》였다는 암시를 주었다. 역시 소설가인 마이클

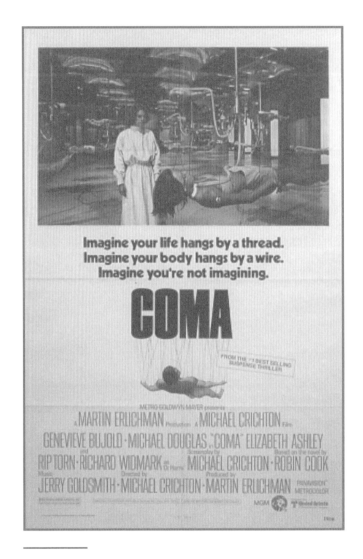

✻ 〈코마〉는 장기기증 희망자의 비율을 60%나 감소시킨 영화다.

크라이튼이 연출을 맡은 이 섬뜩한 의학 스릴러는 대흥행을 기록했었다. 《코마》는 비양심적인 의사가 환자들의 장기를 꺼내 부자 고객들에게 팔려고 일부러 환자들을 살해하는 이야기다. 소설도 영화도 엄청난 충격을 안겼으며, 나오자마자 장기기증 비율이 현저하게 떨어진 것이다.

다행스러운 점이라면, 장기기증 이야기에 대해 사람들이 민감해진 것은 공공의 이익을 위한 힘이 될 수 있다는 면이다. 1982년, 이제막 11개월이 된 제이미 피스크의 부모는 절박했다. 딸 제이미가 담도(膽道) 폐쇄증을 가지고 태어났기 때문이었다. 이는 선천적인 간(肝) 장애로 대개 4살 이전에 사망에 이르는 질환이었다. 가족의 유일한 희망은 간이식을 받는 것이었다. 하지만 이식받을 간이 없는 것이 문제였다. 그나마 다행인 것이, 제이미의 아버지는 인맥이 넓은 병원 관리자였다. 그는 대대적인 캠페인을 벌였다. 우선 그는 수천 명의 의사에게 연락했다. 또 에드워드 케네디 상원의원과 뉴스 진행자인 댄 래더 같은 공인들을 섭외해서 제이미를 위해 캠페인에 참여해달라고 부탁했다. 캠페인은 효과가 있었다. 제이미의 사정이 주요 뉴스로 보도되자 500명의 잠재 기증자들이 제이미의 가족들에게 연락해 도움의 손길을 내밀었다. 그리고 적합한 간을 이식받은 제이미는 살아날 수 있었다.

더 중요한 것이 뭔지 아는가? 이 모든 홍보 덕분에 장기기증 희망 신청서 요청이 30%나 늘었다는 점이다. 또 의사에게 치료 불능의 뇌 사상태에 빠진 친척들의 장기를 기증해도 좋다고 허락하는 가족들도 이전의 50%에서 86%로 늘어났다는 점이다.

✝ 우린 예전보다 더 오래 살고 있는 걸까?

대답은 간단하다. '예스'다. 얼핏 듣기보단 살짝 더 복잡할 수도 있지만, 어쨌든 예스다. 지난 수 세기 동안 평균 예상 수명은 꾸준히 증가해왔다. 특히 19세기 이후부터는 눈부신 도약을 했다. 중세시대의 영국에서는 평균 예상 수명이 서른 몇 살 정도였다. 그 뒤의 몇 세기 동안은 조금씩 조금씩 늘어났을 뿐이고, 20세기 초까지도 예상 수명은 마흔 살을 채 넘기지 못했다. 하지만 20세기 이후, 세계 여러 국가의 예상 수명은 무려 2배로 증가했다. 미국에서는 갓 태어난 아기의 평균 수명은 78살에 육박한다. 그 외에 세계 곳곳에는 평균 수명이 80살을 넘는 곳도 많다. 이러한 예상 수명의 증가에는 공중위생의 개선과 깨끗한 식수가 큰 보탬이 되었다. 또 의학의 발전과 영양의 개선, 분만 수술의 발달, 그리고 백신의 개발 등도 도움이 됐다.

하지만 예상 수명의 정의에 대해서는 약간의 설명이 필요하다. 고대 로마에서 태어난 사람의 평균 예상 수명은 25살이었다. 물론 그렇다고 로마 사람들이 보통 25살에 죽었다는 말은 아니다. 여기에는 태어나서 곧 죽은 경우까지 포함한 평균치이기 때문이다. 당시의 영아 사망률은 무척 높았다. 또 어릴 때 병에 걸려 죽거나, 전쟁터에서 사망한 사람 등등도 많았다. 하지만 어린 시절을 벗어나면 그때부터는 나이를 먹음에 따라 예상 수명이 극적으로 높아졌다. 따라서 로마 시대의 예상 수명은 25살이었지만 노년까지 사는 이들도 많았다.

사실 역사를 살펴보면 90살 이상으로 장수한 사람들, 심지어 100살 이상까지 산 사람들도 있다. 고대 이집트에서는 제6왕조의 페피 2세가 100년 넘게 살았다고 하며, 람세스 2세도 약 90살까지 장수했는데, 이는 그의 미라가 놓인 왕릉을 조사한 후에 드러난 사실이었다. 한편, 고대 그리스에서는 피론, 에라토스테네스, 크세노파네스 같은 철학자들이 90대까지 산 것으로 알려져 있다. 또 소크라테스는 90번째 생일을 맞기 직전에 사망했으며, 그조차 자연사가 아니라 처형을 당해 죽었다. 천문학자인 니케아의 히파르코스는 무려 109살까지 살았다. 그런가 하면 기원후 4세기경의 여러 기독교 사제들도 90대까지 살았다고 한다. 미켈란젤로는 89살에도 작업을 하고 있었으며, 남미 원주민 족장들 가운데도 100년 넘게 산 경우가 많았다.

다시 말해, 예전 사람 중에서도 대다수 현대인들보다 더 오래 산 사람들이 적지 않았다는 얘기다. 지금까지 세상에서 가장 오래 산 사람은 잔느 칼망(Jeanne Calment, 1875~1997년)이란 프랑스인으로, 그녀는 무려 122살까지 살았다. 이 모든 사실을 고려하면 의학, 위생, 영양, 건강의 비약적 발전으로 평균 예상 수명은 많이 증가했지만, 인간 수명의 한계가 극적으로 늘어난 것은 아니다. 오늘날에도 의학의 혜택이 제한적인 지역에서는 평균 예상 수명이 낮기 때문이다. 현재 세계에서 가장 낮은 예상 수명을 지닌 곳은 아프리카다. 하지만 아프리카에도 100살이 넘은 노인들이 있다. 특히 코카서스 같은 곳은 현대 의학의 영향이 제한적일 텐데도 이 지역에는 100살이 넘는 사람의 비율이 미국보다 훨씬 높다.

또 한 가지 흥미로운 점은 평균 예상 수명이 증가했지만 이런 추세가 얼마나 더 오래갈지는 명확하지 않다는 것이다. 사실 이미 최고치에 도달했다고 말하는 이들도 있다. 물론 인구통계학자들은 앞으로는 100살을 넘는 사람이 더 많아질 것이라고 말한다. 하지만 적어도 미국 내에서는 출생 당시 예상 수명이 조금씩 낮아지기 시작했다는 것이다. 오늘날에는 과체중이나 비만 인구가 훨씬 많으며 저연령층에 특히 더 많다. 또 많은 이들이 좌식생활을 하고 운동은 거의 하지 않는다. 서구의 선진국들에서는 대부분의 죽음이 심장 질환, 암, 당뇨, 뇌졸중에 의한 것이다. 그런데 좌식생활을 하고 체질량지수가 높은 이들은 이런 질병에 걸릴 확률이 더 높다. 최근의 한 연구에 의하면 현재의 비만율로 미루어볼 때, 앞으로 예상 수명이 약 5년 정도 줄어들 수도 있다고 한다.

✝ 'X 환자'는 누구?

'X 환자(Patient X)'는 한 의학 실험에 참여한 어떤 전직 미 해병대 용사다. 이 실험은 나중에 상까지 받았는데, 이 용사는 무심코 실험에 참여한 후 자신의 정체를 비밀로 해달라고 했다. 사정은 이랬다. 그는 자신의 애완용 방울뱀에 입술을 물렸고, 이 중독된 상처를 충격요법으로 직접 치료하겠다고 고집을 부렸다. 그리고는 자동차의 점화 플러그 전선을 입술에 연결한 후 자동차의 엔진을 5분 동안 3000rpm으로 돌렸다.

이 용감하지만 무모한 실험으로 X 환자는 1994년 이그노벨상 의학상의 공동수상자가 됐다. 그와 함께 상을 탄 사람은 록키 마운틴 독극물센터의 리처드 C. 다트 박사와 애리조나 대학 건강과학센터의 리처드 A. 구스탑슨 박사였다. 이 둘은 '방울뱀의 독성 주입에 대한 전기 충격 치료의 실패'라는 상당히 근거 있는 논문을 펴냈다. 수상 후 다트는 이렇게 말했다 "1994년 이그노벨상을 받다니, 정말 충격적이네요. 물론 우리 환자만큼 충격은 안 받았겠지만."

사실 이그노벨상은 가벼운 농담조의 과학상으로, '우선 사람들을 웃게 만들고, 그런 다음에 생각하게 하는 것'을 목표로 정해놓은 상이다. 2009년에 이그노벨상 의학상을 받은 이는 캘리포니아의 도널드 L. 웅거였는데, 그는 관절을 꺾으면 정말 관절염이 생기는지를 시험해보기 위해서 왼손 손가락의 관절만 무려 50년간 꺾으면서 오른손의 손가락은 거의 꺾지 않았다고 한다. 이 50년간의 실험을 끝내고, 그는 양쪽 손 어디에도 관절염이 생기지 않았으며, 두 손 사이에 아무런 차이도 없다는 걸 알게 되었다. 그리하여 손가락 관절 꺾기가 관절염을 일으키지 않는다는 결론을 내렸다.

✝ 허리가 두꺼운 팬들을 위해선 더 널찍한 좌석을?

양키 스타디움은 정말로 그랬다. 지금보다 미국인들이 평균적으로 꽤 마른 편이었던 1920년대에 지어진 양키 스타디움의 좌석들은 넓이가 겨우 38㎝ 정도였다. 하지만 미국인들의 몸집이 점점 커지면서 이 좌석은 대다수 관중에게 불편해졌다. 1980년대 이후 미국 내 비만율은 약 2배로 증가했다. 지금은 65%가 과체중이거나 비만이라고 한다. 이러한 경향에 맞추기 위해 양키 스타디움의 소유주는 9,000개의 좌석을 없애고 더 널찍한 48㎝짜리 좌석으로 대체했다. 그 후 2009년에는 예전 스타디움의 바로 맞은편에 새로운 양키 스타디움이 문을 열었다. 이때도 좌석 사이즈는 더 커졌다. 새로 바뀐 좌석 넓이는 48~61㎝라고 한다.

오싹한 의학의 세계사

이는 미국만의 문제가 아니다. 영국에서도 현재 절반 이상의 인구가 과체중이거나 비만이고, 지난 25년 동안 비만율은 거의 4배나 증가했다. 런던에서는 2012년 올림픽 스타디움을 계획하면서 엉덩이가 계속 커지는 영국인들에게 맞는 좌석을 만들기 위해 재설계를 해야 했다. 기존의 계획은 46㎝ 넓이의 좌석 2만 개가 제작될 예정이었지만, 결국 51㎝ 넓이의 좌석으로 제작됐다. 또 영국의 유원지들도 덩치 큰 입장객들을 위해 특별히 '오버 사이즈' 좌석으로 이뤄진 줄을 만들어 제공하기 시작했다.

이 이슈는 특히 항공사에 까다로운 문제가 되어왔다. 항공사들은 수익을 극대화하고 가격경쟁력을 지키기 위해서 보통 비행기에 가능한 한 많은 좌석을 집어넣는다. 최근에 영국항공이 카리브해로 가는 비행기의 이코노미 구역에 좌석을 더 끼워 넣으려 하자 불만이 쇄도했다. 원래 한 줄에 9좌석이었던 배치를 10좌석으로 늘리려 한 것이다. 불만이 너무 많이 접수되자, 결국 영국항공은 이 계획을 취소하고 말았다. 미국 민간항공관리국은 1996년에 최소한 50㎝ 넓이의 비행기 좌석을 권유하는 보고서를 펴내기도 했지만, 아직도 일부 항공사의 좌석은 겨우 41㎝밖에 안 된다.

그 결과, 비만인 승객은 좌석에 몸을 집어넣기가 힘들다. 몸집이 큰 승객들은 두 좌석에 앉아 가도록 탑승권을 한 장 더 구매하라고 요구하는 항공사도 많다. 물론 이런 정책은 논란을 불러일으켰다. 미국의 영화감독 케빈 스미스는 2010년 2월 사우스웨스트 항공사로부터 비행기 탑승을 거부당하고 불같이 화를 냈다. 항공사는 스미스가 한 좌석에 앉아서 가기에는 너무 뚱뚱해서 위험하다고 판단했으니 어쩌겠는가.

비만인 탑승객들은 이런 정책이 차별적이라고 느낀다. 하지만 자신이 차지하는 공간만큼 값을 내는 것이 공정하다고 보는 사람들도 있다. 빼빼 마른 탑승객이 옆자리의 비만 승객에게 깔리는 사례를 들기도 한다. 실제로 2002년에 버진 어틀랜틱 항공사는 영국 사우스웨일스 출신의 바버라 휴슨 승객에게 1만 3천 파운드를 보상하기도 했다. 휴슨은 대서양을 건너오던 중 옆자리의 비만 승객에게 짓눌려 좌골 신경통, 다리 근육 파열, 혈전 등의 증상으로 고통받았다고 한다.

✝ 왜 뉴스에는 앞뒤도 안 맞는 건강 이야기가 나올까?

뉴스 매체들은 매주 새로운 건강 뉴스나 경고를 들고나오는 것 같다. 그런데 이런 뉴스가 바로 몇 주 전에 했던 이야기랑 완전히 반대인 경우가 심심찮게 많다. 그런 뉴스들은 특히 음식에 관한 이야기가 많다. 이번 주에 초콜릿은 '이로운 항산화 작용의 보고(寶庫)'라고 말해놓고는, 다음 주에는 초콜릿이 '어린이 비만의 주범'이라고 헐뜯는 식이다. 또 저번에는 레드와인이 심장마비의 위험을 낮춘다더니 이번에는 간 질환의 원인이 된다고 한다. 커피도 마찬가지다. 심장 질환의 위험을 낮춘다고 했다가 커피 속 카페인이 고혈압을 일으켜서 심장마비 위험성을 높인다는 보도를 하기도 한다. 기름기 많은 생선은 두뇌 기능이나 IQ를 증진할 수 있다면서도, 그러나 수은의 독성이 함유되어 있어 심장병의 염려를 높일 수 있다고 한다. 또 두유는 우유보다 효과가 좋지만, 유방암의 위험을 높일 수 있단다. 예를 들자면 끝도 없다.

사실 어떤 음식이 우리의 모든 건강 문제를 마법처럼 해결한다는 건 불가능하다. 우리 몸을 돌보는 데 가장 효과적인 방법은 건강한 생활 습관의 기본적 규칙을 따르는 것이다. 금연하고, 정기적으로 운동을 하고, 과일과 채소가 포함된 건강한 식단을 섭취하는 것. 또 되도록 술을 자제하고 잠을 충분히 자는 것 말이다.

그렇다면 왜 이렇게 모순된 건강 이야기들이 계속 언론에 등장하는 걸까? 그 주된 이유는 사람들이 듣고 싶은 흥미로운 이야기이기 때문이다. 모순이 생기는 이유는 뉴스에서 나오는 연구들이 뉴스의 주장처럼 극단적인 결론을 내리는 경우가 드물기 때문이다. 이런 연구들은 대개 소규모다. 또 연구의 의도도 구체적인 조사에 들어가기에 앞서 특정 효과가 작용하는지 실험해보려는 것뿐이다. 가령 커피를 마시는 사람들에 대한 '사례 통제 연구'를 시도했는데, 이 실험의 대상자들은 다른 사람들에 비해 심장마비를 덜 겪었다고 가정해보자. 그렇다고 커피가 심장마비의 위험성을 낮춘다는 게 입증된 건가? 아니다. 다만 커피와 심장마비 사이에 연결고리가 존재할 가능성이 있는 것뿐이다. 이를 입증하려면 더 많은 연구가 필요하다. 다음 연구에서는 다양한 통제 집단들, 편견을 없애기 위한 임의 추출 등의 장치가 필요하다. 실험대상자들의 커피 마시는 습관을 제외하고 다른 모든 조건이 같아야 하니까.

이런 장치들이 준비된다고 해서 실험이 완벽하게 성공할까? 아니, 어떤 식으로든 불만스러울 수밖에 없다. 연구가 정말로 효과적이려면 통제와 임의 추출을 바탕으로 많은 표본이 필요하다. 또 실험에 참여한 사람들을 매우 긴 시간 동안 추적해야 한다. 사실, 커피가 심장에 미치는 효과가 나타나려면 여러 해가 걸릴 수 있으니까. 이런 대규모 연구는 매우 비용이 많이 들어 어려운 데다, 윤리적인 문제가 있을 수도 있다. 만약 커피가 심장마비를 낮추는 데 연관이 있음을 연구자가 믿는다고 가정하자. 그렇다면 통제 집단에 수년간이나 커피를 마시지 말라고 하는 것이 정당할까? 연구 과정에서 통제 집단의 건강을 위험에 처하게 할 가능성이 있지 않을까?

그런데 이런 대규모의 연구는 사실 드물다. 따라서 미디어에 등장하는 건강 이야기는, 확실한 연관성이 입증되지 않은 상태에서 가능성만 제시할 뿐이다. 예컨대 최근의 몇몇 연구들은 가공한 돼지고기를 섭취하면 직장암 가능성이 높아질 수 있다고 밝혔다. 그런데 언론이 극도로 예민한 반응을 보였다. 영국의 〈데일리 메일〉은 '왜 하루에 소시지를 하나만 먹어도 암에 걸릴 확률이 20% 높아지는가'와 같은 자극적인 뉴스를 내기도 했다. 하지만 '연관성'이 '인과관계'를 의미하는 것은 아니다. 게다가 돼지고기 가공육을 먹는 이들이 직장암뿐 아니라 대장암에 걸릴 확률도 높은 데에는 여러 가지 이유가 있다.

더 걱정스러운 것은 이런 미디어의 보도가 실제로 존재하지 않는 연구를 바탕으로 할 때도 있다는 것이다. 신문들은 흥미로운 보도자료를 먼저 전달받고, 이를 바탕으로 사람들이 놀랄만한 기사를 싣는다. 그런데 보도자료에 담긴 연구가 어떤 과학잡지에도 실리지 않는 경우가 있다. 예를 들어 2004년 2월 〈데일리 메일〉은 곧 시행될 연구에 관해서 '대구의 간 기름은 자연의 슈퍼의약품'이라는 제목으로 기사를 낸 적이 있다. 이는 카디프대학교의 보도자료를 바탕으로 한 기사였다. 그러나 그로부터 1년이 지났건만 관련 논문은 어디에도 출간되지 않았다.

✝ '냉동인간'은 누구였을까?

1989년 트뤼그베 바우지라는 이름의 노르웨이 남자가 자신의 조부인 브레도 모르스톨의 냉동된 시신을 미국으로 들여왔다. 그는 사체를 냉동 인간 상태로 얼려둘 작정이었다. 트뤼그베는 '인체 냉동 보존술(Cryonics)'의 열렬한 신봉자였다. 이 보존술은 언젠가 과학의 발전으로 죽은 이를 다시 살릴 날이 올 것을 기대하면서 사체를 얼려서 보관하는 것이다. 트뤼그베가 품은 목표는 미래에 조부를 되살리는 것만이 아니었다. 그가 정착한 콜로라도주의 네덜란드 지역에 자신의 '인체 냉동 보존 클리닉'을 세울 야심 찬 계획까지 세운 것이다.

하지만 트뤼그베의 계획은 다소 아마추어 같았다. '인체 냉동 보존 클리닉,' 하면 왠지 반짝이는 고성능 크롬과 유리로 만들어진 연구소라든지, 세심하게 설계된 번들거리는 특수 관이 액화 질소에 잠겨있는 모습 같은 게 떠오르지 않는가? 하지만 트뤼그베의 연구소는 어땠을까? 그저 낡아빠진 헛간 하나에 합판으로 만들어 드라이아이스를 가득 채운 관이 놓여 있을 뿐이었다.

안타깝게도 트뤼그베는 이 야심 찬 계획을 포기해야 했다. 1993년에 비자 만료 기간을 넘겨 미국에서 추방당했기 때문이다. 그는 어머니와 조부의 냉동 사체를 미국에 남겨야만 했다. 그리고 마침내 이 사체를 발견한 당국의 첫 조치는 '냉동 사체 보관 금지법'을 통과시키는 것이었다. 사실 이런 법 아래서는 언 닭고기를 냉동실에 보관하는 것도 엄밀히 말하면 불법이었지만, 아무도 이 법의 해석을 그대로 시행하는 데 관심조차 없었다. 하여튼 법이 통과되자 주위의 관심이 집중되었고, 이제 브레도의 시체가 언론의 주목을 받기 시작했다. 법이 통과된 것 자체가 순전히 그 시체 때문이었는데도 지역 당국은 브레도의 시체에는 예외를 적용하기로 하고 시체를 거기 두어도 좋다고 허락했다. 트뤼그베는 지역 회사에 부탁해 관 안에 있는 드라이아이스를 정기적으로 교체했고, 어떤 회사는 새 헛간을 만들어 주기까지 했다.

시간이 지나자 이 마을은 냉동 시체라는 특이한 주민 덕분에 유명해졌다. 마을에서는 이 유명세를 이용해 매년 정기 기념행사를 마련하기로 했다. 3월의 첫째 주를 몽땅 '냉동인간 축제'로 지정한 것이다. 매년 5,000여 명의 관광객이 이 외딴 마을에 기이한 축제를 즐기러 온다. 축제에는 관을 들고 브레도 할아버지의 창고 지붕 위를 통과하는 코스를 달리는 경주도 있다. 또 눈신발 신고 달리기, 눈 조각 대회, 브레도 닮은꼴 찾기 대회도 있고, '냉동인간 아이스크림'도 있으며, 헛간을 찾아가는 샴페인 투어까지 들어있다. '할아버지의 파란 공'이라는 다소 유치한 이름 댄스 경연도 있는데, 반드시 시체로 분장하고 춤을 춰야 한단다. 또 먼저 얼음을 깨고 들어가 얼음장처럼 차가운 저수지로 다이빙하는 '북극 낙하'라는 시합도 있지만, 참여자는 거의 없다고 한다.

하지만 헛간에다 '인체 냉동 보존'시설을 만드는 것의 불리한 점 가운데 하나는 여러 가지 기술적인 문제가 심각하다는 것이다. 가령 브레도의 시체는 냉동 보존의 엄격한 기준에 맞추어 보관되지 않았던지, 거의 확실히 녹아버린 게 한두 번이 아니었던 것 같다. 과학자들이 냉동 사체를 부활시킬 날이 온다 해도 콜로라도의 명물인 브레도의 시체가 부활에 성공하기는 어렵지 않을까.

✝ '런던 파티큘러'가 뭐지?

'런던 파티큘러(London particular)'란 산업혁명 시기부터 시작해서 적어도 1950년대에 이르는 100년 동안 런던을 간헐적으로 괴롭혔던 두꺼운 스모그를 일컫는다. '스모그(Smog)'란 말 자체는 연기를 뜻하는 smoke와 안개를 뜻하는 fog를 결합해서 만든 합성어인데, 스모그는 주로 배기가스나 공장의 부산물(특히 석탄을 때서 생기는 물질) 등에 의해 생긴다.

그 100년 동안 '런던 파티큘러'는 흔한 현상이었다. 그것은 '완두

오싹한 의학의 세계사

콩 수프'라고도 불렸는데, 황의 높은 함량 때문에 안개 주위에 종종 노란 테두리가 생긴 것을 빗대는 말이다. 나중엔 완두콩 수프 자체가 저 유명한 스모그를 가리키는 '런던 파티큘러'로 알려지게 되었으니, 정말 재미있는 반전이 아니겠는가.

'완두콩 수프' 즉 런던 파티큘러는 아주 흔했지만, 그 파괴력은 엄청났다. 1951년 주간 〈타임스〉는 당시 런던공항으로 불렸던 히스로공항의 활주로에서 일어난 어처구니없는 장면을 다음과 같이 묘사하며 믿기 어려워했다. 먼저 두꺼운 안개 속에 착륙한 비행기가 그 자리에 가만히 정지하라는 지시를 받는다. 시야가 너무 나빠 조종사가 터미널까지 활주할 수 없단다. 탑승객들을 태워오라고 버스를 한 대 보내지만, 버스가 안개 속에 길을 잃는다. 그러자 트럭을 보내 버스를 찾으라고 한다. 하지만 그 트럭도 길을 잃는다. 이어 다섯 개의 탐색대가 파견되어 이들을 찾으려 하나, 하릴없이 헤맬 뿐이다. 마침내 오토바이를 탄 한 사내가 비행기를 발견하지만, 이번엔 터미널이 어딘지 몰라서 그냥 사라져버린다. 우여곡절 끝에 탑승객들이 구조되지만, 터미널에 도착해보니 여행 가방들을 찾을 수 없다.

1952년 12월에 발생한 스모그는 유난히 두터웠다. 하지만 처음에는 그 스모그가 딱히 유별난 것 같진 않았다. 그런데 몇 가지 특이점이 추가로 발생하자 그 위력은 엄청났다. 그렇잖아도 날씨는 이미

몹시 추웠었다. 사람들이 난방을 위해 석탄을 더 많이 땠을 거란 의미다. 그리고 마침 모든 전차가 디젤 버스로 대체돼서 배기가스로 인한 공해는 특히 심했다. 엎친 데 덮친 격으로 대륙에서 강한 바람이 해협 너머 영국으로 산업 오염물을 몰고 왔고, 이제 이 오염 물질이 고기압권에 갇히면서, 차가운 공기층은 넓게 퍼진 따뜻한 공기층 밑에 갇히게 됐다.

결과적으로 이 스모그는 그 어느 때보다 두껍고 오랫동안 지속됐다. 시야는 고작 몇 미터밖에 되지 않아 운전은 거의 불가능했다. 버스와 구급차 역시 다니지 못했다. 따라서 사람들은 병원에도 갈 수가 없었다. 유일하게 운행할 수 있는 대중교통은 런던 지하철뿐이었다. 놀랍게도 스모그는 심지어 실내까지 스며들어왔고, 무대와 화면에서 무슨 일이 벌어지는지 알아볼 수조차 없으니 콘서트나 영화도 취소되었다.

마침내 스모그가 사그라들자 모든 것이 빠르게 일상으로 되돌아왔다. 하지만 수상한 조짐이 보이기 시작했다. 장의사들은 관이 동나고, 꽃집 주인들은 꽃과 화환이 동나고 있음을 알아차렸다. 거리에 시신이 쌓이는 건 아니었지만, 누구도 깨닫지 못한 새 사망률은 평소의 3~4배로 높아졌다. 대부분의 사망은 기관지염과 폐 감염으로 인한 것이었다. 하지만 '스모그'를 사망원인으로 보는 관행이 없어서, 통계치를 얻기에도 어려움이 있었다. 그러나 추정치로 짐작건대 단 5일 동안의 스모그 현상 때문에 약 1만2천 명이 사망하고 10만 명이 앓아누웠다.

'그레이트 스모그'라 불린 이 재앙에서 한 가지 좋은 점이 있었다면, 대중의 분노가 환경을 보호하고 대기 오염을 제한하는 새로운 법을 만들었다는 것이다. 1954년의 '런던 도시법(The City of London Act)'과 1956년의 '청정대기법(Clean Air Act)'은 산업 활동에서 사용 가능한 연료의 종류를 제한했고, 그 결과, 대기의 질은 크게 개선되었다. 기후 변화 같은 잠재적인 재앙을 마주한 오늘날의 우리에게 '그레이트 스모그'는 강력한 경고가 아닐 수 없다. 규제와 동기가 적절히 결합하면서, '런던 파티큘러'나 'LA 스모그나' '산성비' 같은 용어들은 기억에도 없는 구닥다리 표현이 되었고, 장차 '탄소발자국'이나 '온실가스' 같은 단어도 호기심과 향수병을 자극하는 옛말이 되었으면, 하는 희망을 부추긴다.

† '케이프 의사'란 무엇일까?

'케이프 의사(Cape Doctor)'란 남아프리카 해안의 희망봉에 부는 강력한 항풍(恒風, 어느 지역에서 우세한 바람)을 주민들이 부르는 이름이다. 이 바람이 케이프타운의 오염 물질과 전염병을 휩쓸어서 바다에

버려준다는 오랜 믿음 때문에 그렇게 부른다. 케이프 의사는 매우 강할 수 있어서 이층 버스도 무너뜨릴 정도며, 사람들이 가로등에 수평으로 대롱대롱 매달려 안간힘을 쓰게 만들기도 한다.

바람에 이름을 붙이다니 희한하다고 여길지 모르겠다. 하지만 사실 세계 곳곳에는 고유의 이름을 지닌 항풍이 많다. 가령 여러분은 '미스트럴(Mistral)'이라고 들어봤을지 모르겠다. 프랑스 북부에서 지중해로 불어 내려오는 강하고 차가운 바람이다. '프리맨틀 의사'라고 해서 이름에 의사가 들어가는 또 다른 바람도 있다. 이 바람은 호주 서부에 부는 시원한 바닷바람인데, 고단한 초기 식민지를 괴롭힌 시신 태우는 악취가 이 바람에 씻겨나갔기 때문에 의사라는 명칭이 붙었다고 한다.

하지만, 내가 가장 좋아하는 바람은 '윌리워(Williwaw)'다. 윌리워는 마젤란 해협의 연안 산악지대에서 느닷없이 불어닥치는 돌풍을 뜻한다. 마젤란 해협은 남아메리카 남쪽 끝을 티에라 델 푸에고 제도로부터 분리하는 해상통로로서, 파나마 운하가 건설되기 전에는 태평양과 대서양을 잇는 주된 무역 통로였다. 하지만 예측 불가한 위력을 지닌 윌리워 때문에 이곳은 세계에서 가장 위험한 물길이기도 했다.

10

기묘한 처방

병은 하느님이 고치시고,

절은 의사가 받는다.

— 유럽의 전통 속담

† 왜 돌팔이는 'Quack'이라 불릴까?

돌팔이란 자신들이 의학 전문성이 있다고 허위로 주장하는 사람이다. 특히 어떤 특허 약을 판다고 하는 사람들에게 흔히 사용되는 말이다. 돌팔이를 영어로는 오리가 꽥꽥거린다는 의미에서 quack이라고 하지만, 사실 오리와는 아무런 상관이 없다. 이 단어는 실은 네덜란드어 'quacksalver'에서 유래된 말로 그 뜻은 '연고를 바른다고 자랑하는 사람'이다. 한마디로, 돌팔이는 연고가 효과 있다고 꽥꽥거리는 사람인 셈이다. 돌아다니며 시장통이나 마을 축제에서 엉터리 약을 파는 약장수에게는 어울리는 정의가 아닐 수 없다.

✝ '스네이크 오일', 이거 효과가 있을까?

오늘날 '스네이크 오일(뱀 기름)'이라는 표현을 쓴다면, 십중팔구 엉터리 가짜 약을 의미하는 완곡어법일 테다. 속이 빤히 들여다보이는 약장수가 마을들을 떠돌면서 뱀 기름, 식물성 강장제, 인디언의 약초 뿌리로 만든 알약 등을 팔던 옛 시절을 가리키는 말이다. 그리고 이런 민간요법들은 거의 효과도 없었고, 심지어 주장하던 원료도 제대로 들어있지 않았다. 약장수들이 지녔다는 의술이란 것도 기상천외의 엉터리 사이비 과학적 주장과 사례로 가득한 마케팅 수완에 불과했다. 이런 약장수들은 '바람잡이'도 즐겨 이용했다. 관중 사이에 끼어있다가 자원자로 나서서는 약을 마시자마자 극적으로 병이 치료된 것처럼 '바람 잡는' 축들 말이다. 아무튼 요즘은 '스네이크 오일' 같은 용어를 비과학적이고 어처구니없는 건강요법이나 과장된 상술의 동의어로 사용한다.

'스네이크 오일'이 돌팔이 사기꾼과 동의어가 되긴 했지만, 그 기름 자체는 놀랍게도 효과가 있을지도 모른다. 뱀 기름은 중국 전통 의학에서 사유(蛇油)라는 이름으로 수백 년 동안 쓰여 온 재료다. 전통적으로 진통제나 소염제로 쓰여 왔으며, 무릎 관절 통증, 류머티

즘 관절염, 점액낭염에 효과가 있다. 오늘날에도 여전히 팔리고 사용되고 있다. 문제의 이 뱀 기름은 중국, 대만, 베트남에 서식하는 특별한 타입의 '중국 물뱀'에서 뽑는다.

돌팔이를 가리키는 스네이크 오일이 아니라 진짜 뱀 기름은 어떻게 미국에 전해졌을까? 아마도 1860년대 미국의 동부와 서부를 연결하기 위해 건설한 대륙횡단철도 공사장에서 일했던 중국인 노동자 무리가 중국에서 가져온 것으로 보인다. 이 중국인 노동자들은 관절의 통증을 완화하기 위해 뱀 기름을 발랐다.

이제 우리는 중국 물뱀에 오메가3의 일종이며 EPA로도 알려진 '에이코사펜타엔산'이 풍부하게 포함돼 있다는 걸 알고 있다. 오메가3는 주로 생선 기름에서 발견되는데 다양한 건강 보조 기능이 있다고 한다. 그중 EPA는 특히 염증과 진통 완화제로 효과가 좋다. 한 마디로 의심스러운 명성에도 불구하고 뱀 기름은 정말 효과가 있는 것이다.

하지만 다소 까다로운 반박이 없는 것은 아니다. 만약에 뱀 기름이 약장수가 팔던 약 중 유일하게 효과 있는 약이었다면, 어째서 그런 악명을 얻게 됐을까? 아마 그 답은 팔렸던 약의 정확한 구성성분에 달려있을 것이다. 위에서 언급했듯이 물뱀의 몸에는 고농축 EPA

가 함유돼 있다. 실제로 중국 물뱀 기름의 20%가 EPA 성분이라고 한다. 그런데 미국 방울뱀은 EPA 성분이 8.5%밖에 되지 않는다. 돌팔이 약장수가 '진짜 뱀 기름'이 든 제품을 팔았다고 하더라도 그게 진짜 중국 물뱀 기름일 확률은 낮을 테고, 따라서 EPA가 매우 적거나 없는 제품을 판 것이다. 미국에서 팔렸던 가장 유명한 뱀 기름은 '스탠리즈 스네이크 오일'로 자칭 '방울뱀의 왕'인 클라크 스탠리가 만든 것이다. 그런데 1917년 검사 결과에 의하면, 스탠리즈 스네이크

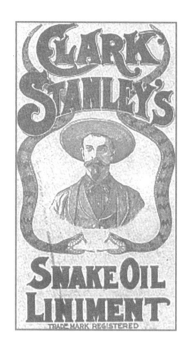

✷ 인기 있던 브랜드인 '스탠리 스네이크 오일'. 사실은 뱀 기름이 전혀 들어있지 않았다.

오일의 성분은 테레빈유, 장뇌(樟腦), 원유 정제의 부산물인 미너럴 오일뿐이었다. 뱀 기름은 조금도 들어있지 않았다. 다시 말해, 진짜 뱀 기름은 효과가 있을지라도 당시 팔리던 뱀 기름은 진짜인 경우가 거의 없었다.

✟ '의사의 폭동'이라니?

의사의 폭동이라고 하면 아마 여러분은 화난 의사들이 하얀 가운을 입고 서류받침대와 청진기를 흔들어대는 모습을 상상할지도 모른다. 하지만 이건 사실 '의사들에 의한' 폭동이 아니라, 오히려 '의사들을 향한' 폭동이었다. 어떤 보고서에 따르면 사고는 1788년 뉴욕병원에서 시작되었다. 존 힉스 주니어라는 한 의과대학생이 해부실을 들여다보는 성가신 아이들을 향해 시체의 팔을 흔들어댄 것이다. 그는 아이들에게 이렇게 소리쳤다. "자, 이게 너희 엄마 팔이야. 방금 땅에서 파냈지. 조심해, 안 그러면 이 팔로 혼내 줄 테다!"

아이들은 물론 쏜살같이 도망쳤지만, 아뿔싸, 그중 한 소년은 정말로 엄마가 막 돌아가셨던 터라 특히 상처를 받았다. 저 팔이 진짜 엄마의 팔이란 말이야? 아이는 집에 가서 아빠한테 방금 있었던 일을 얘기했다. 둘은 실제로 무덤에 가서 확인해 보기로 했다. 아니나 다를까, 무덤은 정말 비어있었고, 최근에 파낸 흔적도 있었다. 누구

짓인지는 몰라도 아예 관을 부숴 버리고는 무덤을 다시 흙으로 덮는 수고조차 하지 않았다. 아버지는 크게 분노했고, 누가 되었건 이 미친 짓을 저지른 대가를 치르게 할 거라고 맹세했다. 그는 한 무리의 친구들을 모아 맨해튼 끝자락의 뉴욕병원으로 길거리 행진을 시작했다. 군중은 수백 명으로 불어났다.

사실 이 사건에 대중의 분노가 폭발한 이유가 있었다. 당시 의대생들과 해부학 교수들이 연구용 사체를 간절히 필요로 하면서, 무덤을 파헤치는 일이 갈수록 문젯거리가 되고 있었기 때문이다. 그들은 주로 가난한 사람이나 부랑자들 혹은 흑인들의 무덤을 팠다. 하지만 정말 사정이 급해지면 아무 무덤이나 개의치 않고 파냈다. 이 문제가 너무 심각해서 부유층에서는 친척들이 사망하면 2주 동안 무덤을 지킬 무장 경비를 고용하기까지 했다. 그 정도 시간이면 사체가 부패해서 해부에 쓸 수 없게 될 테니까.

화가 난 군중이 병원을 에워싸고 모든 출입구를 막은 다음, 의사들의 피를 내놓으라며 부르짖었다. 운 좋게도 의사들은 대부분 병원 뒤편에 있는 창문으로 이미 달아난 후였다. 다만 용감한 의사 한 명이 의대생 세 명과 소중한 병원 도구와 해부학 모형을 지키기 위해서 자리를 지켰다. 하지만 소용없었다. 폭도들이 몰려 들어와 눈에 보이는 것들을 모조리 박살내버렸다.

그러고 나서도 성에 차지 않은 사람들은 곧장 거리로 뛰쳐나가 혼쭐을 내줄 만한 의사들을 찾아다녔다. 무고한 어떤 행인은 의사처럼 검은 옷을 입었다는 이유만으로 두들겨 맞았다. 또 의사와는 아무런 상관이 없는 존 템플 경의 집은 완전히 만신창이가 됐다. 아마도 사람들이 '서 존(Sir John)'을 외과 의사인 '서전(surgeon)'으로 잘못 읽어서 그랬던 모양이다.

폭동은 다음 날까지도 이어져, 사람들은 컬럼비아대학교를 습격해서 소중한 의학 모형과 도구들을 파괴했다. 이제 폭동의 중심지는 맨해튼 감옥으로 바뀌었다. 이 감옥에는 제법 많은 의사가 신변 안전을 위해 머무르고 있었다. 감옥을 수비하던 민병대는 프러시아 출신인 프레데릭 본 스투벤 남작의 지휘 아래에 있었는데, 스투벤은 무력 사용을 거부했다. 하지만 폭도 한 사람이 던진 벽돌에 얻어맞고는 태도를 바꾸어 이렇게 소리쳤다. "발포하라, 소장, 발포해!" 결국, 적어도 다섯 명이 숨지고, 중상자는 훨씬 더 많았다. 의사들은 부상자들을 치료해주었고, 마침내 폭동은 끝났다.

몇 주 뒤 뉴욕주는 교수형을 당한 범죄자들의 시체 해부를 허락하는 법안을 통과시켰다. 하지만 해부용 사체에 대한 수요가 너무 높아서 이런 법도 딱히 소용이 없었고 무덤을 훼손하는 일은 여전히 줄어들지 않았다. 적어도 1850년대까지는 이런 상황이 계속됐다. '의사의 폭동'은 단발성 사건이 아니었다. 기실 미국에서만 1884년까지 의과대학에 대한 대중의 분노로 비슷한 사건이 24건이나 터졌기 때문이다.

✝ 기생충 제거용 덫은 어떻게 작동했을까?

1854년에 미국 인디애나주 로건스포트 출신의 시골 의사 앨피어스 마이어즈(Alpheus Myers)는 독창적인 새 발명품에 대해 특허를 출원했다. '위장에서 촌충(寸蟲, tapeworm)을 없애는 새롭고 유용한 덫'이라는 물건이었다. 이 덫은 스프링이 장착된 금이나 백금 등의 녹슬지 않는 금속으로 만든 원통이었다. 길이는 약 1.8㎝에 지름은 약 0.6㎝ 정도였으며 줄이 매달려 있었다. 원통 안에는 미끼도 들어있었는데, 마이어즈의 말을 빌자면 배고픈 조충에겐 치즈가 아주 매력적인 미끼였다.

덫을 사용하기 전에 환자는 일주일 동안 금식해야 했다. 촌충을 쫄쫄 굶겨놓으면 먹을 것을 찾아 위나 목구멍까지 올라오지 않을 수 없으리란 심산이었다. 금식한 환자는 이 덫을 삼키고 덫에 달린 줄을 입 밖으로 내놓은 채로 6~12시간을 기다린다. 마이어즈는 그 사이에 촌충이 미끼를 물어서 스프링이 장착된 실린더가 닫힐 거라 예상했다. 원통 안에 촌충을 확실하게 가두려면 탄력이 좋은 스프링이 장착되어야 하지만, 촌충의 머리가 잘릴 정도로 너무 탄력이 넘쳐서도 안 된다는 경고도 잊지 않았다. 마이어즈는 일단 촌충이 실린더에 갇히면 환자가 그걸 느끼거나 기생충이 줄을 잡아당길 것이므로 환자가 곧 알아차릴 것으로 생각했다. 그리고는 이렇게 말했다. "촌충이 붙잡히면 환자는 몇 시간 정도 휴식을 취해야 한다. 그러고 나서 천천히 줄을 잡아당기면 쉽고도 아주 안전하게 끄집어낼 수 있다."

참 바보스럽게 들릴지도 모르지만, 이 장치가 적어도 한 번 이상은 성공적으로 쓰였다는 보고가 있다. 마이어즈가 특허를 취득하고 1년 뒤, 〈사이언티픽 아메리칸〉은 그가 이 덫으로 어느 환자에게서 15cm 길이의 촌충을 제거하는 데 성공했다는 소식을 실으며, 이렇게 덧붙였다. "환자는 그 이후 새로운 삶을 살게 됐다."

✝ 그레이엄의 '천상의 침대'란 무엇일까?

제임스 그레이엄(James Graham)은 18세기의 유명한 돌팔이 의사이자 자칭 섹스 전문가였다. 그는 1745년 영국 에든버러에서 태어나 거기서 의학을 전공했다고 주장했지만, 실제로 학위를 획득한 것은 아니었다. 또 미국을 전역을 돌아다니며 자신이 안과의사라고 주장하는가 하면, 전기에 대해서도 배웠다고 떠벌렸다. 하지만 벤저민 프랭클린한테 배웠다는 주장은 거의 확실히 거짓이었다.

1775년 런던으로 돌아온 그는 신도시 어델피(Adelphi)에 화려한 '건강의 성전(Temple of Health)'을 지었다. 건강 문제에 민감한 방문객은 이 성전에 모여들어, 향내 은은하고 화려하게 장식된 방들을 마음껏 드나들고, 오케스트라의 음악도 즐기고, 건강과 영양과 전기에 대한 그레이엄의 강의도 들었다. 때로 그레이엄은 강의를 마치면서 좌석마다 연결된 전선에 전류를 흘려보내는 깜짝 이벤트를 하기도 했다.

사실 그레이엄은 제대로 된 의사는 아니어도 쇼맨십만큼은 굉장히 뛰어났던 모양이다. 선정적인 옷차림의 아가씨들이 소위 '건강의 여신들'이라며 그의 강의를 후끈 달구기도 했다. 이들 중 한 명이 엠마 리온(Emma Lyon)이란 여자였는데, 후일 넬슨 제독과 염문을 뿌린 악명 높은 사교계 여성 해밀턴 부인(Lady Hamilton)이 바로 그녀다. 여하튼 그레이엄은 수많은 팬을 확보했다. 그중에는 정치인 찰스 제임스 폭스라든지, 난임을 겪으면서 그레이엄에게 도움을 청한 데븐셔 공작부인도 들어있었다.

그레이엄의 성전 한가운데는 하룻밤 숙박료가 당시로는 엄청난 금액인 50파운드짜리 '천상의 침대(Celestial Bed)'가 있었다. 그레이엄은 이 침대에서 자면 불임이나 발기부전이 금방 치료된다고 호언장

닦했다. 높이 3.6m, 넓이 2.7m를 자랑하는 이 침대 밑에는 강한 자기장이 흘렀으며, 침대는 임신에 가장 이상적인 각도로 세우거나 조절할 수 있었다. 매트리스는 장미 잎사귀와 꽃, 그리고 영국 종마의 꼬리털로 채워졌으며, 천장에는 커다란 거울이 매달려있었고 오케스트라가 가까이서 연주했다. (아마도 이산화질소로 추정되는) 향기가 은은하게 퍼졌고, 타닥타닥 전기 흐르는 소리가 나는 침대 머리에는 이런 성경 문구도 새겨져 있었다. "생육하고 번성하여 땅을 가득 채우라."

'건강의 성전'은 대성공이었다. 그리고 곧 런던의 팰 맬로 자리를 옮겼다. 그레이엄은 일약 유명인사가 됐다. 하지만 섹스와 자극을 부적절하게 이용하는 그를 사기꾼으로 보는 비판자들도 많았다. 게다가 그는 사업수완도 별로여서, 성전은 엄청난 인기에도 불구하고 계속 손실을 보더니 결국 큰 빚을 졌다. 마침내 그는 에든버러로 돌아와서, 진흙 목욕이 건강에 얼마나 좋은지를 홍보하고 다녔다. 아마도 값비싼 만병통치약에 투자할 자본이 더는 없었을 것이다.

☦ 돌팔이 의사 존 브링클리의 막대한 재산

존 브링클리(John Brinkley)는 한마디로 대단한 돌팔이 의사였다. 아무런 의학적 자격이 없어도 미국에서 가장 부유하고 추앙받는 의사가 되었으니까. 브링클리는 1885년 노스캐롤라이나의 빈곤한 가정에서 태어났다. 어린 시절 그의 꿈은 의사가 되는 것이었다. 22살이 되자 그는 의학 공부를 시작했지만, 쌓이는 빚은 늘어가기만 하고 갓 시작한 가정도 부양해야 했기 때문에 학위를 마치지는 못했다.

그런데 그는 의학 공부를 하면서 호르몬과 호르몬 분비샘이 신체에 미치는 영향에 대해 배웠다. 돌이켜보면 이건 그에게 정말 중대한 발견이었다. 1918년 당시 33살이던 브링클리는 마을을 떠돌며 약을 파는 영락없는 돌팔이 의사로 10년 이상을 보내고 있었다. 이어 그는 캔자스주의 작은 마을 밀퍼드에 대규모 클리닉을 세우고, 대단히 특이한 치료술을 펼쳤다. 그리고는 이것이 발기부전, 불임, 기타 성적인 문제에 대한 기적의 치료라고 대대적인 광고를 해댔다. 그 치료란 다름 아닌 염소의 불알을 수술로 환자의 몸에 이식하는 것이었다. 발정기 염소의 정력과 활력이 환자에게 옮겨가면 자연히 성적 욕망과 능력이 되살아날 거라는 논리였다.

그 과정은 생각보다 단순했다. 우선, 환자는 병원에 접수하고 오늘날의 약 5,000달러에 해당하는 500달러 이상을 낸다. 상당한 금액이었다. 그다음 (남자든 여자든) 환자는 병원 건물 뒤쪽으로 가서, 특히 건장해 보이는 염소를 고른다. 그리고 그 염소는 거세를 당한다. 남성 환자의 경우는 음낭을 절개해서 염소의 고환을 삽입하고, 수술용 실로 봉합했으며, 여성 환자의 경우는 배, 특히 난소 근처에 염소 고환을 삽입했다.

마케팅과 자기 홍보 실력 덕분에 브링클리는 이 괴상한 치료법으로 큰 재산을 모은다. 그러나 자신을 사기꾼이라고 비난하는 미국 의학협회와는 항상 마찰을 빚었다. 브링클리는 아예 개인 라디오 방송국을 사들여 자신의 상품과 치료소, 약국 등의 광고로 방송을 채워버렸다. 이 방송국이 당국에 의해 폐쇄되자, 그는 멕시코로 넘어가 세계 최강의 무선 송신기를 설치해놓고는 아무 문제 없이 미국으로 방송을 내보냈다. 들리는 말로는, 저 멀리 핀란드와 소련에서도 그의 방송을 들을 수 있었다고 한다. 게다가 시그널이 얼마나 강력했던지, 자동차의 헤드라이트가 켜지고 철조망이 수신기로 둔갑하는가 하면, 사람들이 전화로 주고받는 얘기에도 소리가 흘러 들어갈 정도였다.

말할 필요도 없이, 브링클리의 염소 고환 수술에 과학적 효능은 없었다. 아니, 오히려 매우 위험했다. 완치되었다고 믿는 브링클리의 환자도 많았지만, 이건 보나 마나 플라세보 효과였다. 몸속에 이식된 염소 고환에 대한 체내 반응으로 목숨을 잃는 이도 적지 않았고. 비위생적이고 미숙한 수술과정으로 인한 괴사나 감염 때문에 사망한 환자도 많았다. 최근 포프 브록(Pope Brock)이 펴낸 브링클리 전기《돌팔이(Charlatan)》를 보면, 스스로 사기꾼임을 잘 인지하면서도 수백 명의 피해자를 낸 브링클리야말로 미국 전대미문의 연쇄 살인마로 볼 수 있지 않을까, 싶다.

명성이 최고에 달했을 즈음, 브링클리는 상당한 사회적 위치에 올라 있었다. 공직에도 여러 번 출마했으며, 상대편의 수상한 선거 관행 때문에 단 몇 표차로 탈락했을 정도였다. 게다가 그는 자동차와 요트와 심지어 비행기까지 거느린 백만장자였다. 윈저 공작 부부에게 요트를 빌려주기도 했다. 한편, 그의 엄청난 영향력에는 예상치 못한 간접효과도 있었다. 선전만 틀어대는 라디오방송을 청취자들이 들을 리가 없으므로, 브링클리는 방송시간에 미국 남부 가수들과 연기자들을 선보였다. 그런데 이것이 내슈빌을 중심으로 소위 '컨트리 앤 웨스턴' 음악의 붐을 일으킨 것이다.

하지만 브링클리의 삶은 불행한 결말을 맞게 된다. 〈미국의학협회 저널〉의 편집자인 모리스 피시바인이 그를 수십 년간 끈질기게 추적해왔다. 피시바인이 일으킨 논쟁은 결국 법정 싸움으로 번졌고 이 재판에서 브링클리는 패소했다. 그리고 수백 건의 사기, 의료 과실, 유족의 손해배상청구 등의 소송이 줄줄이 이어졌다. 1941년에 이르러 브링클리는 파산하고 만다. 그리고 심장마비를 여러 차례 겪

오싹한 의학의 세계사

✳ 존 브링클리의 염소 분비샘을 이식하는 병원 광고.

은 끝에 1년 뒤 사망했다. 그를 이런 말로 다소 완곡하게 표현한 부고가 있었다. "미국에서 유례없이 가장 화려한 성공을 거둔 의학계의 이단아."

† 왜 두꺼비를 먹어야만 했을까?

'두꺼비 시식자(Toad—eater)'는 의학 역사상 가장 불쾌한 직업 중하나다. 두꺼비 시식자는 돌팔이 약장수의 조수로, 약 효과를 증명하기 위해 옆에서 두꺼비를 꿀꺽 삼키는 일을 도맡았다. 당시에 두꺼비는 무시무시한 존재였으며, 위협을 받으면 마치 우유 같은 독성 물질을 뿜어내는 두꺼비 종류도 많았다. 따라서 두꺼비를 먹는 행위란 거의 자살 행위나 다름없었다. 일단 이 불쌍한 양서류를 꿀꺽 집어삼킨 두꺼비 시식자는 온몸을 고통스럽게 부들부들 떨면서 땅에 쓰러진다. 그러면 약장수는 마법의 회춘 묘약을 조수의 입에 털어 넣고, 두꺼비 시식자의 증상은 무슨 마법처럼 치료되는 것이다. 운 좋은 날에는 이런 광경만으로도 관중들이 다투어 돈을 내밀도록 하기에 충분했고, 사기꾼들은 다음 마을로 자리를 옮길 수 있었다.

근데, 그때 두꺼비 시식자는 정말로 두꺼비를 먹었을까? 확실치 않다. 실제로 먹더라는 얘기를 들은 사람의 기록은 많지만, 직접 목격한 증인은 찾기 힘들다. 아마도 두꺼비 시식자는 손바닥 위에 두꺼비를 올려놓고 그저 먹는 척만 했을 수 있다. 아니면 적어도 독이 없는 개구리를 대용으로 썼을지도. 그것도 아니면 실제로 두꺼비를 삼키고 며칠 동안 앓는 것을 일의 대가라며 참았을지도 모른다.

두꺼비 시식은 이제는 거의 잊힌 옛일이다. 하지만 여전히 영향력이 남아 있는 부분이 있으니, 바로 '두꺼비 같은(toady)'이라는 단어다. '두꺼비 시식자'는 자기 보스를 위해서 아프거나 죽는 것까지도 감수하는 사람이다. 그러니까 매우 비굴하게 납작 엎드려서 아첨하는 부류의 사람이다. 그리하여 오늘날에도 '두꺼비 같은'이라는 말은 상사의 비위나 맞추며 아첨하고, 상사를 위해서 모든 굴욕을 감내하는 직원이라는 맥락에서 쓰인다.

† '뮌하우젠 증후군'은 누구 이름을 딴 질환일까?

그 답은 칼 프리드리히 히에로니무스 프라이헤어 폰 뮌하우젠 남작이다. 그는 1720년 독일의 보덴베어더 지역에서 태어난 귀족이었다. 자신의 이름을 딴 병은 있지만, 뮌하우젠은 그 병에 걸린 적도 없고, 그걸 진단한 적도 없으며, 어떤 식으로든 그 병을 본 적도 없다. 원래 그는 허풍스러운 얘기를 많이 하는 걸로 유명했다. 그런 그가 죽고 100년이 지난 후 바로 이 특별한 질환이 발견되었으며, 허풍쟁이였던 그를 기려 그 병에 그의 이름을 붙인 것이다. 그렇다, '뮌하우젠 증후군(münchhausen syndrome)'은 환자가 타인의 관심과 동정을 받고 싶어 아픈 척을 하는 정신질환의 일종이다. 이와 연관된 증상으로는 '대리 뮌하우젠 증후군'이 있는데, 이는 부모가 사람들을 관심을 끌려고 아이가 아프다고 꾸미거나, 심지어는 일부러 자녀를 아프게 만드는 질환이다.

뮌하우젠 남작은 자신의 황당무계한 모험담을 수없이 뿌리고 다녔다. 그는 러시아 군대에서 복무했으며, 오스만 튀르크와의 전투에도 2번 참여한 다음, 고향인 독일로 돌아왔다. 그는 자신의 온갖 외국 모험담을 풀어 놓았는데, 가령 달에 가서 달나라 사람들을 만났다든지, 곰과 싸웠다, 포탄에 올라타서 날아갔다, 치즈로 만들어진 섬에 가봤다, 등등의 기이한 이야기들이었다고 한다.

그의 놀라운 이야기는 1785년 루돌프 에릭 라스페(Rudolf Erich Raspe)에 의해 《뮌하우젠 남작의 환상적인 여행 및 러시아에서의 전투》라는 멋진 제목의 책으로 출간되었다. 하지만 책에 실린 허풍스러운 이야기 중 상당수는 전통 민담으로 뮌하우젠 남작의 시대 훨씬 이전부터 전해오던 것들이었다. 그럼 이 이야기 모음집은 뮌하우젠 남작을 기리기 위한 것일까, 그의 명성을 깎아내리려는 것일까? 아리송하다. 실제로 뮌하우젠의 삶이 어쨌든지 이 책은 뮌하우젠의 이름을 '환상적인 허풍'과 동의어로 만들어놨다. 그리고 1951년 영국의 정신과 의사 리처드 애셔는 아픈 척하거나 거짓말하는 환자의 증상을 묘사하면서, 남작에 대한 '경의를 담아' 이 병을 그에게 헌정한 것이다.

✝ 장기 절도는 정말 벌어졌는가?

여러분은 이렇게 탄식할 것이다. "아휴, 또 그 얘기야?" 어느 예의 바른 장기절도범 무리에 대한 도시 전설은 끊임없이 사라질 줄을 모른다. 20년 동안이나 떠도는 이야기인데, 아마도 장기기증이 점점 흔해지는 데 대한 문화적 반응으로 날조된 것이리라. 이 이야기는 여러 형태로 이메일과 인터넷 등에서 떠돌았고, 심지어 신문과 텔레비전 드라마, 공포영화에까지 등장했다. 그 내용은 대충 다음과 같다.

어느 외로운 남성 여행객에게 근사한 낯선 여성이 접근한다. 대개는 공항 라운지에서 뭔가를 마시고 있을 때 일어나는 일이다. 그런데 그다음 날 아침에 정신을 차리고 보니, 남자는 호텔의 얼음이 채워진 욕조 안에 있다. 거울에는 '구조대를 불러요. 움직이지 말고'라는 글이 쓰여 있다. 마침내 구급차와 구조대원들이 도착한다. 그리고 대원들은 남성에게 그의 신장이 제거되었다고 말한다. 암시장에서 장기밀매를 일삼는 집단의 짓이라고.

하지만 이런 식의 이야기는 확실하게 거짓이다. 이 이야기가 시작된 미국에서는 신장을 도난당했다는 보도도 없었고 사건의 구체적 내용도 현실성이 떨어진다. 먼저 신장은 아무에게나 이식할 수 있는 기관이 아니다. 기증자와 이식자 간에 혈액과 세포조직이 정확하게 일치해야 한다. 둘째, 장기이식을 통해 장기가 제대로 기능하기 위해서는 이식자의 체내에 아주 빨리 삽입되어야 한다. 기증자의 장기를 꺼낼 때 그걸 받을 사람이 바로 옆에 있어야 할 때도 있다. 세 번째로 장기이식은 무척 복잡하고 까다로운 수술이다. 대개 의사 5명 정도가 몇 시간씩이나 매달려야 할 판이다. 또 무균의 수술실에서 무거운 장비를 여러 대 사용해야 한다. 이 장비들을 무슨 수로 호텔 방에 쉽게 들여온단 말인가.

하지만 이 도시 괴담이 거짓이라고 해서 장기 절도가 아예 일어나지 않는 건 아니다. 장기 이식시장은 상업적이어서, 중개업자가 이식을 주선하고 관리하는 데 1건당 15만 달러를 받는다고 한다. 또 제3세계의 기증자는 신장 하나에 3,000달러, 혹은 그 이하의 헐값에도 기꺼이 팔 것이다. 3,000달러면 지구 위 곳곳에서 1년치 연봉보다도 많은 금액이다. 게다가 사람은 하나의 신장만으로도 얼마든지 잘 살아남기 때문이다. 하지만 장기에 대한 수요는 공급을 훨씬 앞지른다. 미국 내 장기기증을 기다리는 이들은 10만 명에 육박한다. 하지만 장기기증 등록자들은 5,000~8,000 명 정도뿐이다. 따라서 장기를 구하려는 이들은 매우 의욕적일 수밖에 없다.

따라서 장기 절도가 실제로 일어난다고 해서 조금도 놀랄 일은 아니다. 물론 적어도 미국 내에서는 장기 절도 사건의 기록이 아직은 없다. 하지만 세계 여기저기에서 실제로 발생하고 있다. 특히 인도에서는 1994년의 장기매매 제한법이 통과되기 전까지 장기 매매가 성행했었다. 2008년 1월 인도의 구르가온에서 장기 절도를 일삼는 대규모 조직원 여러 명이 검거됐다. 언론 보도에 따르면 수백 명의 남성이 직업 알선 사기를 당해 지하 시설로 끌려 들어갔고, 거기서 속임수나 강압으로 부유한 환자들에 이식할 신장을 적출당했다. 검거 당시 두목으로 알려진 아밋 쿠마르는 캐나다로 망명을 시도했다고 한다.

여기서 얻을 수 있는 교훈은? 공항 라운지에서 음료에 약을 타서 내 장기를 훔치려는 무리를 너무 걱정할 필요는 없다는 것이다. 하지만 인도의 지하 의료 시설에서 직업을 제안받았고 그 보수가 수상하게 높다면? 그리고 보수를 현금 지급으로 제안한 사람이 수술칼을 휘두르는 인도인이라면? 아마 한 번 더 생각하는 것이 좋을 것이다.

오싹한 의학의 세계사

초판 1쇄 인쇄 2022년 8월 30일
초판 1쇄 발행 2022년 9월 6일

지은이 | 데이비드 하빌랜드
옮긴이 | 이현정
펴낸이 | 권기대
펴낸곳 | ㈜베가북스

총괄 | 배혜진
편집장 | 정명효
편집 | 허양기, 김재휘
디자인 | 이재호
마케팅 | 이인규, 조민재

주소 | (07261) 서울특별시 영등포구 양산로17길 12, 후민타워 6~7층
대표전화 | 02)322-7241 팩스 | 02)322-7242
출판등록 | 2021년 6월 18일 제2021-000108호
홈페이지 | www.vegabooks.co.kr **이메일** | info@vegabooks.co.kr
ISBN 979-11-92488-10-3 (03900)
